ROBERT HAND

Traditionelle Astrologie

Standardwerke der Astrologie

ROBERT HAND

Traditionelle Astrologie

Ganzzeichenhäuser – Tag- und Nachthoroskope

Aus dem Amerikanischen von Reinhardt Stiehle

ISBN 978-3-89997-157-6

1. Auflage 2007

Deutsche Erstausgabe

Umschlag: Walter Schneider unter Verwendung einer Abbildung
aus Macrobius Ambrosius Theodosius,
»Commentarii in Somnium Scipionis«, ca. 1150 n. Chr.

Druck: Finidr, Český Těšín

Zu beziehen durch den Buchhandel oder direkt beim
Chiron Verlag, Postfach 1250, D-72002 Tübingen

Inhalt

TEIL 2

GANZZEICHENHÄUSER – DAS ÄLTESTE HÄUSERSYSTEM 101

Teil 1
Tag- und Nachthoroskope

Einführung

Für einen Astrologen der Spätantike war die wichtigste Frage, die seine Interpretation eines Horoskops beeinflusste, so einfach und zugleich doch so fundamental: Wurde der Horoskopeigner bei Tag oder bei Nacht geboren? Mit anderen Worten, stand die Sonne über oder unter dem Horizont? Dieses einfache Kriterium wirkte sich aus auf seine Berechnung der Lebenserwartung, die Berechnung der meisten Himmelslose (die wir heute vorwiegend nicht ganz korrekt als »arabische Punkte« bezeichnen), die Abfolge der planetaren Herrschaften[1] und die Herrscher der Triplizität. Was darüber hinaus jedoch bei Weitem bedeutsamer als alle diese erwähnten Faktoren ist, war die Tatsache, dass jeder Planet, jeder Winkel und jede Hausposition unterschiedlich gedeutet wurde, je nachdem ob es sich um eine Tag- oder eine Nachtgeburt handelte! Nicht dass man geglaubt hätte, eine Taggeburt sei stärker und positiver als eine Nachtgeburt zu bewerten. Dies wurde in der Tat nicht angenommen. Tag- oder Nachtgeburten waren gleichwertig, sollten aber unterschiedlich ausgelegt werden, da die Planeten verschiedene

1 Dies bezieht sich auf zwei Systeme, wobei das eine, nämlich die Triplizität und deren Herrschaft über die Lebensdrittel in der vorliegenden Arbeit zur Sprache kommt. Das zweite System heißt *Firdaria* oder *Alfridaries*, ein System der Herrschaft von planetaren Perioden, das mit den *dasas* der indischen Astrologie vergleichbar ist. Diese Methode streifen wir nur kurz.

Fähigkeiten, Kräfte und Funktionen in den jeweiligen Horoskopen entwickelten. Der vorliegende erste Teil befasst sich mit den Unterschieden der planetaren Symbolik bei Tag- und bei Nachtgeburten mit dem Ziel, dem Leser die Grundlagen für eine Anwendung der Technik in heutigen Deutungen zu vermitteln.

Grundbegriffe

Sektion, Sektor[2] oder *Condition*: Im Griechischen spricht man von *hairesis*, im Lateinischen von *condicio* oder *conditio*. Der Begriff »Sektion« kommt vom lateinischen *seco*, was soviel bedeutet wie »schneiden« oder »teilen«. Eine Sektion ist also eine Unterteilung. Im Falle der Planeten existieren zwei Teilungen[3].

2 Anm d. Übers.: Robert Hand verwendet in dieser Abhandlung durchgehend den im Englischen gängigen Begriff *Sect*, was übersetzt »Sekte« bedeutet. Frank Gettings weist im DICTIONARY OF ASTROLOGY (London, New York, 1985) darauf hin, dass es sich hierbei um eine »unglückliche Übersetzung aus dem Lateinischen« handelt. W. Knappich benützt den Ausdruck »Sektor« (GESCHICHTE DER ASTROLOGIE, Frankfurt 1967, S. 58). »Sect« oder *haireisis* legen nahe, dass es sich um eine Einteilung in zwei Gruppen oder Parteien handelt, die jeweils einen Anführer haben, nämlich die Sonne für den Tag und den Mond für die Nacht. Aus diesen Überlegungen heraus übersetze ich *sect* in diesem Buch mit dem Begriff *Sektion*, da er dieses Konzept am ehesten wiedergibt und noch recht nahe an dem von Robert Hand verwendeten englischen Ausdruck liegt.

3 Es gibt daneben auch noch eine andere Ableitung, die davon ausgeht, dass das englische Wort »sect« von dem lateinischen *secta* herkommt, wobei allerdings weiter gefolgert wird, dass *secta* sich von *secutus* herleitet, dem Partizip der Vergangenheit von *sequor* (folgen). Ich frage mich bei dieser Etymologie allerdings, wie das lange »u« in secutus verschwinden und sich zu *sect* verkürzen konnte. Ansonsten ist diese Etymologie plausibel.

Alle Planeten gehören entweder zur solaren Tagessektion oder zur lunaren Nachtsektion. Die Sektion des Planeten ist unabhängig von seinem Geschlecht.[4]
Die folgenden Passagen aus dem ersten Buch der TETRABIBLOS von Ptolemäus beziehen sich auf diesen Themenkomplex. Ich hole etwas aus, denn so erschließt sich die Logik der Sektionen am leichtesten.

Da wir diese Verhältnisse vorfinden und da so vier Einflüsse entstehen, zwei befruchtende und belebende, warmer und feuchter Natur, durch die alles Leben und Kraft gewinnt, und zwei verderbliche und schädliche, kalter trockener Natur, durch die alles zersplittert und dem Tode geweiht wird, so haben uns die Alten überliefert, dass zwei Gestirne, Jupiter und Venus nämlich, Wohltäter wären, und außer ihnen beiden auch noch der Mond, ihrer gemäßigten Natur wegen und weil sie reichlich Wärme und Feuchtigkeit spendeten. Von Saturn und Mars hingegen überlieferten sie uns, sie seien Übeltäter, da sie eine der ersteren durchaus entgegengesetzte Wirkung hätten, der eine erfrierend, der andere dörrend. Sonne und Merkur jedoch hätten ihrer allgemeinen Natur zufolge Wirkungsmöglichkeiten nach beiden Seiten und passten ihre Einflüsse denjenigen Gestirnen an, mit denen sie in Verbindung ständen, gleichsam als Mittler.

Von männlichen und weiblichen Gestirnen

Da nun weiter zwei ursprüngliche Geschlechter in der Welt vorhanden sind, das Männliche und das Weibliche, so entspricht die feuchtende Kraft, von der ich soeben sprach, der weiblichen

4 Tatsächlich kann die Untergliederung der Planeten in Tages- und Nachtplaneten als konkurrierend zu der Einteilung in männliche und weibliche Planeten aufgefasst werden, ähnlich wie die Zeichenherrscher und Erhöhungen als rivalisierendes System zu den Domizilen entstanden sind.

Natur. Denn alles Weibliche ist ganz allgemein feuchter, wohingegen die erhitzende Wirkung dem männlichen Geschlechte entspricht. Aus solchem Grunde heißen darum Mond und Venus weibliche Gestirne, weil sie von Feuchtigkeit überfließen, Sonne, Saturn, Jupiter und Mars hingegen männlich. Merkur hat Teil an beiden Naturen, da er sowohl Dürre wie Feuchte zu erzeugen imstande ist.

Ferner sagt man, dass die Gestirne einen männlichen oder weiblichen Einfluss empfangen durch ihre Stellung, die sie der Sonne gegenüber einnehmen. Männlichen Einflusses sind daher Gestirne, wenn sie morgendlich stehen und der Sonne voraufgehen[5] *im Aufstieg, weiblich dagegen, wenn sie abendlich stehen, und der Sonne im Untergange folgen.*[6]

Darüber hinaus unterscheiden sie sich noch durch ihre Stellung bezüglich des Horizontes. So sind sie männlich, sofern sie östlich stehen, also in den Quadranten zwischen Aufgang und Medium Coelum und dem zwischen Untergang und Imum Coelum; in den beiden anderen Quadranten sind sie als westliche Gestirne weiblicher Natur.

Von Tag- und Nachtgestirnen

Ähnlich kennt man bezüglich der Zeit zwei hauptsächliche Unterscheidungen, nämlich Tag und Nacht; der männlichen Natur entspricht mehr der Tag, wie auch während des Tages die größere Wärme herrscht, und die Lebewesen tatkräftiger in ihren Unternehmungen sind, die Nacht hingegen mehr der Weiblichen, infolge ihrer Feuchtigkeit und der Sehnsucht nach Ruhe. So überlieferten die Alten uns, Mond und Venus wären Nachtgestirne, Taggestirne dagegen die Sonne und Jupiter. Teil an beiden Eigenschaften wiederum hätte Merkur: Bei morgendlicher

5 d.h. in Tierkreisrichtung vor der Sonne stehen
6 d.h. in Tierkreisrichtung nach der Sonne stehen

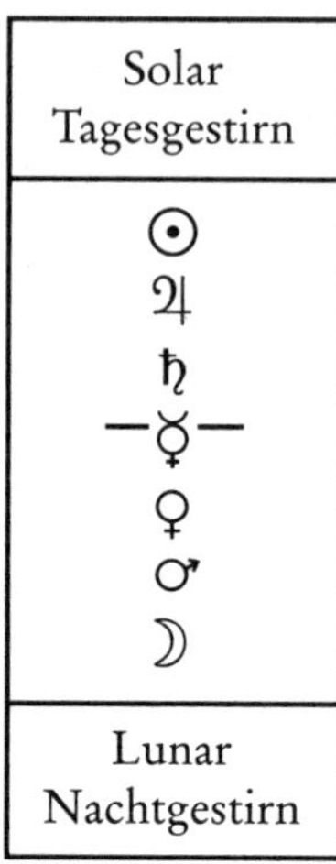

Tab. 1

Stellung wäre er Tagesgestirn, bei abendlicher Nachtgestirn.[7] *Den beiden Übeltätern aber teilten sie beide Möglichkeiten zu, indem sie nicht ihrer Ähnlichkeit, sondern im Gegensatz dazu gerade ihrer widersprechenden Natur folgten. Denn mit wohltätigen Gestirnen günstig verbunden, werden sie auch deren Wirkungen mehren helfen, mit Schädlichen dagegen in dieser widersprechenden Verbindung werden sie die Heftigkeit in der Wirkung solcher Planeten einschränken* [8]. *Aus solchem Grunde verbanden sie Saturn, der kältend wirkt, mit der Wärme des Tages, den dörrenden Mars mit der Feuchtigkeit der Nacht. So wird jeder von ihnen, besänftigt durch diese Gegenwirkung, gemäßigter.*[9]

7 Ptolemäus spricht im Originaltext eigentlich von Morgen- bzw. Abendfigur oder Konfiguration, aber wir können davon ausgehen, dass er den Morgen- und Abendstern meint. Auch an anderer Stelle bezeichnet er »Phasen« immer wieder als Figur, so dass wir beides gleichsetzen können.

In Tabelle 1 sehen wir die Planeten gemäß ihrer Anordnung in den Sektionen, gegliedert nach Tages- und Nachtgestirnen. Allerdings erhebt sich dabei die Frage, ob der Mond oder der Mars der Planet mit den größten Nachtanteilen ist[10].

8 Diese Aussage gibt implizit eine interessante Definition der Begriffe »Wohltäter« und »Übeltäter«. Ein Wohltäter ist ein Planet, der seine Kraft verbessert, wenn diese bekräftigt wird. Dagegen ist ein Übeltäter ein Planet, dessen Kraft dadurch verstärkt wird, dass man diese vereitelt.

9 Claudius Ptolemäus. TETRABIBLOS (Mössingen, Chiron Verlag, 1995) S. 34ff.

10 Anm. des Übersetzers: Diese Einteilung geht wahrscheinlich auf die viel ältere Lehre der Doryphorie zurück. Den beiden Lichtern Sonne und Mond, die auch als Könige bezeichnet werden, wurden die Planeten in der hier vorgestellten Einteilung als deren Speerträger zugeordnet.

Zusätzliche Grundbegriffe

Wie bereits festgestellt, wird ein Horoskop als *tagaktiv* bezeichnet, wenn die Sonne über dem Horizont steht, d.h. in den Häusern 7 bis 12. Das Horoskop ist *nachtaktiv*, wenn die Sonne unter dem Horizont steht, sprich in den Häusern 1 bis 6.

Auch die Zeichen sind *tag-* oder *nachtbetont*. Tagzeichen sind identisch mit den männlichen oder positiven Zeichen (♈ ♊ ♌ ♎ ♐ ♒), während die Nachtzeichen den weiblichen entsprechen (♉ ♋ ♍ ♏ ♑ ♓).

Ein Planet kann in einem Horoskop *tag- oder nachtbetont* gestellt sein, gleichgültig, ob er seiner Natur nach ein Tages- oder ein Nachtgestirn ist und ebenso unabhängig davon, ob das Zeichen, in dem der Planet steht, oder das gesamte Horoskop vom Tag oder der Nacht regiert werden. Ein Planet hat immer dann eine Tagesstellung, wenn er bei Tag über dem Horizont steht oder bei Nacht unter dem Horizont steht. Ein Planet hat eine Nachtstellung, wenn er bei Tag unter dem Horizont oder bei Nacht über dem Horizont steht.

So gesehen haben wir drei Faktoren, die zur Sektion eines Planeten in Bezug stehen:

1. Die Tag- oder Nachtbetonung eines Horoskops als Ganzes.
2. Die Art der Platzierung, d.h. steht ein Planet in Tages- oder in Nachtposition.
3. Die Sektion der Zeichen, d.h. ist das Zeichen tag- oder nachtbetont.

Ein Taggestirn erbringt die größten Wohltaten, wenn es in einem Taghoroskop (d.h. die Sonne steht über dem Horizont) tagbetont und in einem Tagzeichen steht. Entsprechend ist ein Nachtgestirn am günstigsten, wenn es in einem Nachthoroskop nokturnal in einem Nachtzeichen platziert ist.

In der Astrologie des Mittelalters war diese Kombination von Planetenbeziehungen nur ein Teilaspekt aus einer ganzen Reihe von Bedingungen, die sich auf einen bestimmten Planeten beziehen, von dem man sagte, er »befinde sich in seiner Gleichartigkeit«. Zusätzlich zur Sektion umfasste die *Gleichartigkeit* auch eine Übereinstimmung zwischen seinem Geschlecht und dem Geschlecht des Zeichens. Dies entspricht bei allen Planeten der Übereinstimmung zwischen der Sektion von Zeichen und Planet (außer bei Mars, der maskulin, aber nicht betont ist). Es war auch eine geschlechtliche Übereinstimmung zwischen einem Planeten und dem Quadranten möglich, wie man dem Zitat von Ptolemäus entnehmen kann. Die Quadranten im Südosten zwischen dem Aszendenten und der Himmelsmitte und gegenüberliegend im Nordwesten zwischen dem Deszendent und dem IC galten als männlich. Die Quadranten im Nordosten zwischen dem IC und dem Aszendenten und gegenüber im Südwesten zwischen Himmelsmitte und Deszendent wurden als weiblich betrachtet[11]. Wie wir noch sehen werden, gab der Konflikt zwischen dem *Geschlecht* und der *Sektion* bei Mars Anlass zu mancher Mehrdeutigkeit.

Obwohl keine antike Textstelle explizit darauf hinweist, lässt sich dennoch erschließen, dass die allerwichtigste dieser Be-

11 Die Logik scheint folgende zu sein: Planeten in den südöstlichen und nordwestlichen Quadranten steigen entweder zu ihrer größten Höhe auf oder sie steigen zu ihrer niedrigsten Höhe ab. Dies ist offenbar als männlich angesehen worden. Die Planeten in den anderen Quadranten kommen zum Horizont von den oberen oder unteren Höhen zurück, was als weiblich betrachtet wurde.

ziehungen lautet, dass ein Planet von derselben Sektion sein sollte wie das Gesamthoroskop. Tagesgestirne funktionieren am besten in Taghoroskopen und Nachtgestirne in Nachthoroskopen. Dass die Beschaffenheit des Horoskops der bedeutendste der drei Faktoren der Sektion ist, kann aus der Tatsache gefolgert werden, dass viele der altgriechischen Texte nur den Tages- oder Nachtzustand des Horoskops im Verhältnis zur Sektion der Planeten erwähnen. Es wird wenig zu der Übereinstimmung von der Sektion eines Planeten mit dem Zeichen ausgesagt.

Zweitens ist auch von Bedeutung, dass ein Planet korrekt über oder unter dem Horizont platziert ist; Taggestirne stehen am besten zur Tageszeit über dem Horizont oder bei Nacht darunter, während Nachtgestirne bei Nacht optimal über und bei Tag unter dem Horizont stehen. Ein Planet, dessen Sektion nicht in Einklang mit dem Gesamthoroskop steht, ist wirkungsvoller als er es wäre, wenn er der Hemisphäre entsprechend korrekt platziert ist.

Schließlich wird ein Planet gewissermaßen auch dadurch verstärkt, dass er in einem Zeichen steht, dessen Sektion mit seiner eigenen übereinstimmt.

Befindet sich die Sektion eines Planeten nicht in Einklang mit einem dieser drei Faktoren, dann ist der Planet also bis zu diesem Grad *außerhalb der Sektion* und wird in dem Maße seine Ausdruckskraft im Horoskop verändern. Die Art der Veränderung, die wir aus den alten Schriften entnehmen, könnte eine Mischung aus Qualität und Quantität sein, d.h. in gewisser Weise scheint ein Planet außerhalb der Sektion lediglich in seinem Ausdruck gehemmt zu sein, so als ob seine Kraft geschwächt ist; aber manche Planeten, vor allem die Übeltäter, erwecken den Anschein, in ihrer Energie überhaupt nicht geschwächt, sondern in ihrer negativen Qualität noch verstärkt zu sein.

Befand sich die Sektion eines Planeten in Übereinstimmung mit dem Horoskop, seiner Platzierung im Horoskop und der Sektion des Zeichens, so handelte es sich um eine sehr starke Würde, die man *Hayiz, Haim* oder *Aym*[12] nannte, wobei es sich bei den Begriffen um Verfälschungen des arabischen Wortes *Hayiz* handelt. Es gab jedoch eine überraschende Ausnahme bei der Definition von *Hayiz*. Mars, zwar nachtbetont in der Sektion, galt als männlich im Geschlecht. Mars betrachtete man nur dann in *Hayiz*, falls er in einem Nachthoroskop über dem Horizont (nächtlich platziert) in einem männlichen (Tag-)zeichen stand. Die Logik der Sektionen legt nahe, dass dies eine spätere Veränderung der alten Lehre war, der zufolge Mars in einem (weiblichen) Nachtzeichen stehen musste. Allerdings ist diese These noch nicht ganz belegt.

Für die entgegengesetzte Verfassung des Planeten, bei der er vollkommen außerhalb der Sektion steht, gibt es keine überlieferte Bezeichnung. Allerdings scheint es eine bedeutsame Schwäche, vor allem bei den Übeltätern, zu sein. Aus diesem Grunde habe ich mir die Freiheit erlaubt, diesen Zustand, angelehnt an das lateinische Wort, *condicio* oder *conditio* zu benennen. Hierzu habe ich einfach die Wendung »außerhalb der Sektion« ins Lateinische übertagen: *ex conditione*.

Ein letzter Grundsatz bezüglich der Sektion hat mit den Mondphasen zu tun. Der Mond ist grundsätzlich immer ein Nachtgestirn. Laut Julius Firmicus Maternus lässt er sich jedoch hervorragend als Tagesgestirn anwenden, wenn er zunimmt und sich ungünstig auf Nachtplaneten bezieht. Ganz ähnlich ist der abnehmende Mond günstig, wenn er zu Nachtgestirnen passt und ungünstig, wenn er zu Tagesgestirnen passt. Es findet sich keine konkrete Stelle, wo Firmicus dies behauptet, aber man findet entsprechende Beispiele in seiner Schrift. Es ist so als ob er annimmt, dass seine Leser mit der Idee vertraut sind. Ich habe diese Unterscheidung zwischen zunehmendem und abnehmendem Mond in meiner Arbeit als sehr nützlich erlebt.

12 Das »m« am Ende der beiden ersten Varianten könnte eine typografische Fehlinterpretation sein. In der Kalligrafie des Mittelalters wurde der Schlusspunkt »m« und der Buchstabe »z« ganz ähnlich dargestellt.

Weitere Resultate

Es gibt noch eine weitere Stellung, die gelegentlich mit der Sektion in Bezug steht. Manchmal ist dies auch mit der Polarität männlich und weiblich verquickt. Es hat mit der Stellung als Morgenstern oder der Morgenphase zu tun, dem Gegenstück zu Abendstern oder Abendphase. Die alten Astrologen nahmen generell an, dass ein Stern, der vor der Sonne aufgeht, ein Morgenstern, entweder in einer männlichen Position oder quasi in Tagesstellung steht. Ähnlich galt ein Stern, der nach der Sonne unterging, entweder als weiblich oder nächtlich. Dies basiert auf sehr alten Wurzeln. Wilhelm Knappich zur babylonischen Astrologie:

Die im vorderen Orient am meisten verehrte Gottheit ist Ischtar *(phönizisch Astarte), die auch als Tochter des Mondgottes gilt und sich im leuchtenden Venusstern offenbart. Die Identität als Morgen- und als Abendstern wurde frühzeitig erkannt und polar gedeutet. Als morgendliche Gestalt hatte sie mehr männlichen Charakter und war als* Ischtar von Akkad *sogar Kriegsgöttin, in abendlicher Stellung hatte sie mehr weiblichen Charakter, als* Ischtar von Uruk *war sie Göttin der sinnlichen Liebe und Hierodule der Götter.*[13]

Diese Idee blieb in der späteren Verknüpfung des lateinischen Begriffs mit dem griechischen Namen für Venus als Morgen-

13 Wilhelm Knappich, Geschichte der Astrologie. (Frankfurt, Klostermann 1967), S. 31.

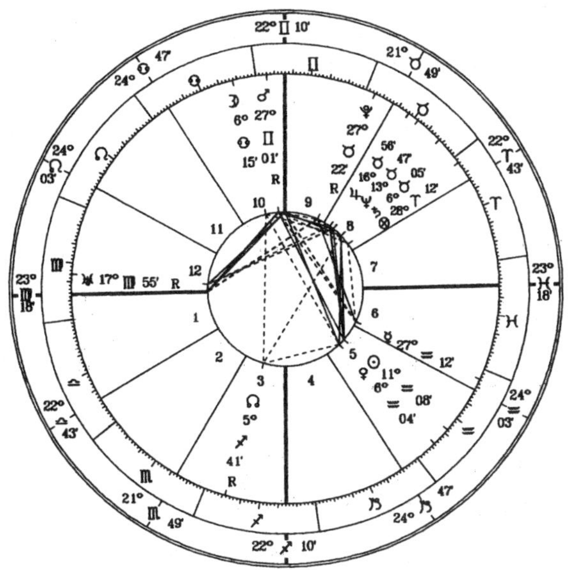

Abb. 1: Franklin D.Roosevelt[14]

stern (*Phosphoros*) erhalten, was in Latein dem Wort *Lucifer* entspricht!

In engem Verbund hierzu steht die Idee, dass Planeten, die vor der Sonne aufgehen – vor allem solche innerhalb von ein oder zwei Tierkreiszeichen – besser und wirksamer sind, wenn sie Tagesgestirne sind. Planeten, die nach der Sonne untergehen, sind besser gestellt, wenn sie Nachtgestirne sind.

Als die Lehre der Sektionen jedoch in das Mittelalter überliefert wurde, vollzog sich eine Änderung. Das Verhältnis der Phase zwischen einem Planeten und der Sonne wurde nunmehr

14 Die Daten stammen von der Blackwell Datenbank. 30. Januar 1882, 20:45 LMT (01:40:56 UT; 31. Januar). Die Angabe der Geburtsdaten wurden dem Tagebuch seines Vaters entnommen. Alle Horoskop sind mit GOH Häusern berechnet.

unter dem Gesichtspunkt der männlichen oder weiblichen Polarität betrachtet, anstatt im Hinblick auf die Sektion. Nur die oben erwähnten drei Grundprinzipien hinsichtlich der Tag- und Nachtpolarität der Sektionen blieben erhalten.

Um uns mit den Definitionen der Sektionen vertraut zu machen, betrachten wir nun ein Beispielhoroskop. Wir befassen uns noch nicht mit der Deutung, dies wird später folgen. Wir haben es mit einem Nachthoroskop zu tun, bei dem die Sonne im 5. Haus steht. Folglich stehen alle Tagesgestirne außerhalb der Sektion, und zwar auf die eindeutigste Weise. Die Nachtgestirne stehen in der jeweils ihnen entsprechenden Sektion. Betrachten wir nun die Planeten im einzelnen und untersuchen ihre Situation im Hinblick auf die Sektion.

Die Sonne. Sie ist Herrscherin des Tagsektors. In diesem Horoskop steht sie aber unter dem Horizont, d.h. ihre Sektion ist nicht im Einklang mit derjenigen des Horoskops. Sie befindet sich im Wassermann, der seinerseits jedoch ein Tagzeichen ist. Dies gibt der Sonne wieder etwas von der Würde der Sektion zurück; so gesehen steht sie nicht ganz außerhalb der Sektion. Allerdings ist der Wassermann auch das Zeichen, in welchem die Sonne wiederum im Exil steht, dementsprechend ist sie immer noch problematisch gestellt. Dies bedeutet nun aber nicht, dass Roosevelt unbedingt Schwierigkeiten hatte wegen seiner Sonne; es bedeutet lediglich, dass seine Sonne nicht extrem solar zum Ausdruck kam.

Der Mond. Der Mond ist wie das Gesamthoroskop nachtbetont. Er steht über dem Horizont und ist somit korrekt platziert. Er ist zudem im Krebs, einem Nachtzeichen. Alles in allem steht der Mond richtig in der Sektion (oder Hayiz) und ist sehr energiegeladen Er ist ferner im Krebs, seinem eigenen Zeichen, sowie im 10. Haus, was auf eine äußerst günstige Stellung hindeutet. Hier handelt es sich um einen sehr starken Mond.

Merkur. Merkur geht nach der Sonne unter und so ist er Abendstern, folglich gilt er als Nachtgestirn. Da sich Merkur nicht sehr weit von der Sonne entfernen kann, ist es eher ungewöhnlich, dass er überhaupt nächtlich platziert sein kann, sei es bei einer Tag- oder bei einer Nachtgeburt. Dies kann nur dann vorkommen, wenn der Bogen zwischen Merkur und Sonne die Horizontlinie überschreitet. Ein Beispiel hierfür wäre Merkur im 1. Haus und die Sonne im 12. Haus (oder umgekehrt) oder die Sonne im 7. Haus und Merkur im 6. Haus (oder umgekehrt). In Roosevelts Horoskop steht Merkur in Sonnennähe und auf derselben Hälfte des Horizonts. Deswegen steht dieser Merkur in Tagesposition und außerhalb der Sektion. Er befindet sich auch in einem Tagzeichen. Dass Merkur gemessen am Horoskop sich in der Sektion befindet, wird dadurch neutralisiert, dass er hinsichtlich seines Zeichens und seiner Platzierung in der Hemisphäre außerhalb der Sektion steht. Allerdings wird Merkur in diesem Geburtsbild mit erwähnenswerter Kraft versehen durch die Tatsache, dass er aus den Strahlen der Sonne (mehr als 16°) heliakisch aufgeht; dies war in der Betrachtung der Alten eine besonders vorzügliche Himmelsstellung. Merkur steht außerdem in seiner eigenen Triplizität. So ist Merkur bezüglich der Sektion zwar mehr oder weniger neutral gestellt, er erlangt aber beachtliche Würden aus anderen Quellen.

Venus. Die Venus, ein Nachtgestirn, steht entsprechend dem Horoskop in der Sektion. Allerdings ist auch sie ähnlich wie Merkur immer in der Nähe der Sonne. Dies ermöglicht der Venus nicht immer, die geeignete Sektion einzunehmen. Im vorliegenden Fall ist dies so. Zusätzlich ist die Venus »verbrannt« (Combustio) und sie steht in einem Tagzeichen. Die Stärken der Venus sind mehr als neutralisiert; sie wird durch die Verbrennung geschwächt. Dies spiegelt sich im Eheleben des Horoskopeigners wider.

Mars. Er ist ein Nachtgestirn und er steht in Nachtposition. Falls die arabischen astrologischen Kriterien stimmen, dann sollte Mars in einem männlichen (Tag-)Zeichen stehen. Da sich nun Mars in den Zwillingen befindet, ist er, nach dem arabischen System, in Hayiz. Er ist im 10. Haus positioniert, nahe am MC. Dies wiederum stärkt den Mars, auch wenn er in den

Zwillingen wenig Würden erhält. Mars bildet ferner ein Trigon mit seinem Dispositor Merkur, was einen Mangel an Würde des Mars in diesem Zeichen ausgleicht.[15] Mars steht in diesem Horoskop also sehr prominent. Dies passt sehr gut zu einer Person, die in jungen Jahren schon Staatssekretär und später zum Präsidenten gewählt wurde, und dies zum Zeitpunkt eines der schwerwiegendsten Kriege.

Jupiter. Er ist ein Taggestirn und befindet sich in diesem Nachthoroskop in Nachtposition (über dem Horizont, während die Sonne darunter ist) sowie im Stier, einem Nachtzeichen. Somit steht dieser Jupiter vollkommen außerhalb der Sektion oder *ex conditione*. Er ist zudem im 8. Haus, während er im 7. Haus und im 4. Haus Herrscher ist.[16] Dies besagt, dass der Horoskopeigner eine Erbschaft von seinem Vater erwarten konnte, bezeichnet aber auch Probleme für seine Ehe.

Saturn. Auch Saturn ist ein Tagplanet und ist durch dieselben Probleme gekennzeichnet wie Jupiter. Er steht in Nachtposition in einem Nachthoroskop sowie in einem Nachtzeichen. Also steht auch er völlig außerhalb der Sektion oder *ex conditione*. Sein Quadrat mit Venus ergibt weitere Schwierigkeiten für diesen Planeten.

Die äußeren Planeten Uranus, Neptun und Pluto waren damals noch nicht bekannt, so dass wir keine Überlieferungen haben. Wir werden diese also zunächst auslassen. Wenden wir uns nun wieder den Grundlagen zu.

15 Dies ist eine Form der zufälligen, akzidentiellen Würden, die als Rezeption bekannt ist.

16 Wir verwenden die traditionellen Zeichenherrscher, folglich herrscht Jupiter in den Fischen.

Die Bedeutung der Planeten in Tages- und Nachthoroskopen

Wir werden im Folgenden an einigen Beispielen vorführen, wie antike Verfasser unterschieden haben zwischen den Auswirkungen jener Planeten in ihrer Sektion und denjenigen außerhalb der Sektion. In den meisten Fällen scheint sich der jeweilige Autor ausschließlich mit der Beurteilung des Gesamthoroskops zu befassen und kaum mit der Sektion der Platzierung oder des Zeichens. Die systematische Einteilung der Planeten in die Sektionen, welche die verschiedenen Grade berücksichtigt, scheint etwas später entwickelt worden zu sein, dennoch finden wir das meiste schon zu jener Zeit vor, als Vettius Valens den Teil III seiner ANTHOLOGIE zusammenstellte und danach wiederholt auch im Werk des Antiochus von Athen, also gegen Ende des 3. Jh. v. Chr. Bei den von mir ausgewählten Zitaten von Ptolemäus, Julius Firmicus Maternus, dem LIBER HERMETIS oder Paulus Alexandrinus weist ein Planet in oder außerhalb der Sektion nur darauf hin, dass die Sektion des Planeten mit dem Horoskop übereinstimmt.

Beispiel 1 – Maternus, Buch III, 2

Saturn bei einer Taggeburt im ersten Ort der Genitur verursacht eine schwere Niederkunft. Der Geborene wird das älteste Kind sein oder, falls doch jemand vor ihm geboren wurde, wird dieser von seinen Eltern getrennt leben. Aber in Taghoroskopen wird dieser Planetengott, wenn er an einem der Kardinalpunkte steht, den Horoskopeigner zum Erstgeborenen machen, oder er wird jene zerstören, die vor ihm geboren wurden. Saturn in dieser Position läst die Geborenen stolzgeschwellt auftreten. Steht Saturn in einem Taghoroskop am ersten Ort und Mars an einem anderen Kardinalort der Genitur, so kündigt dies zahlreich kommende Übel. Denn es wird große Gefahren und den Verlust des Patrimoniums bedeuten. Wenn jede starke Bestrahlung von Wohltätern aus guten Orten der Genitur fehlt und Mars eine Verbindung mit dem zunehmenden Mond eingeht, bewirkt das häufig einen gewaltsamen Tod. Steht Saturn jedoch bei einer Nachtgeburt im ersten Ort der Genitur, so wird der Geborene unter Nervenschwäche zu leiden haben und stets sehr hart arbeiten müssen, auch wenn sein Beruf irgendwie mit Wasser zusammenhängt.

Bei diesem Beispiel wird die Sektion des Horoskops und ihre Auswirkung auf die Planeten auf verschiedene Weise illustriert. Doch zunächst rufen wir uns Folgendes ins Gedächtnis: 1. Saturn ist ein Tagplanet. 2. Mars ist ein Nachtplanet. 3. Der zunehmende Mond gilt als Übeltäter, wenn er sich applikativ einem Nachtplaneten nähert.

An erster Stelle müssen wir festhalten, dass Saturn im 1. Haus ziemlich günstig steht, da es sich um ein tagbetontes Horoskop handelt. Falls Saturn bei dieser Hausstellung nicht beeinträchtigt wird, bedeutet dies, dass der Geborene höchstwahrscheinlich das väterliche Erbe antreten wird (unter der Annahme eines patrilinearen Erstgeburtsrechtes). Wir sollten auch festhalten, dass Saturn den Horoskopeigner arrogant auftreten lässt, eine Zuschreibung, die in der neueren Literatur nur selten Erwähnung findet. Saturn überträgt in dieser Stellung häufig eine Qualität von Selbstgerechtigkeit, die leicht als Arroganz angesehen werden könnte.

Da Saturn von Mars aus einer kardinalen Position heraus beeinträchtigt wird, werden alle guten Voraussetzungen des tagbetonten Saturn im 1. Haus wieder rückgängig gemacht. Nicht nur weil Mars und Saturn feindlich gesinnt sind, sondern auch weil Mars ein Nachtplanet ist und in einem tagbetonten Horoskop außerhalb der Sektion steht. Tatsächlich kann jede Verbindung zwischen Saturn und Mars immer nur so zustande kommen, dass einer nicht in der geeigneten Sektion steht. Die Astrologie der Antike behauptet nicht nur einfach, dass Mars und Saturn nicht günstig zueinander sind – sie erklärt auch warum.

Beziehen wir nun den zunehmenden Mond mit ein in die Kombination eines tagbetonten Saturn, der durch einen nachtbetonten Mars beeinträchtigt ist, werden die Dinge noch komplizierter. Der Mond ist eindeutig ein Nachtplanet, der zunehmende Mond enthält aber auch eine Komponente der Tagbetonung. Aus diesem Grund lässt er sich nicht gut mit Nachtplaneten kombinieren, vor allem wenn es sich um einen Übeltäter handelt (wie Mars in diesem Fall). Nach Maternus ist diese Konstellation extrem ungünstig und weist auf einen gewaltsamen Tod hin. Es ist aber wahrscheinlich, dass dieser nicht eintritt, wenn der abnehmende Mond sich dem Mars annähert.

Beispiel 2 – Maternus Buch III, 4

Falls allerdings das Horoskop (der Aszendent) bei Nacht im Domizil des Mars steht[17]*, und dann vor allem in einem männlichen Zeichen und wenn nun zugleich Mars auch noch in diesem Zeichen steht – und wenn darüber hinaus Jupiter wohlwollend im gleichen Zeichen steht oder ihn mit einem starken Strahl anblickt, – dann bringt er Heerführer hervor, denen die gesamte Armee anvertraut wird. Herren über Leben und Tod, deren Heranrücken die Städte und großen Provinzen mit Schrecken entgegensehen. Glückliche, starke und ernsthafte Männer, deren Zorn nur durch große Provokationen ausgelöst wird. In dieser Radixposition verbietet ihm der Mars eine Frau oder Kinder mit Hingabe zu lieben.*

17 Im Widder, nicht im Skorpion.

Steht Mars bezogen auf seine Position dagegen bei Tag im Horoskop, macht er die Männer heißblütig, wild, hastig und unbeständig in allem. Einerlei was sie beginnen, sie werden nichts zu Ende bringen, was sie planen und alles fließt ihnen zwischen den Fingern hindurch. Das Erbe der Horoskopeigner mit einem so gestellten Mars wird vergeudet. Sie verlieren auch den Lebensunterhalt, ja sogar Frauen und Kinder und nichts von dem väterlichen Erbe bleibt erhalten für sie oder durch sie. Sie verlieren diese Dinge bereits in jungen Jahren.

Blickt Jupiter dagegen mit einem Gedrittschein[18] *auf Mars zurück von solch einer Tagesposition, am besten noch in seinem eigenen Domizil stehend, oder in seiner eigenen Erhöhung, seinen eigenen Grenzen*[19] *– oder wenn er im Hinblick auf die Platzierung mit ihm am selben Ort steht*[20]*, dann wird das Unglück dieser Position bis zu einem gewissen Ausmaß abgemildert. Ich selbst weiß aber, da ich dies in vielen Genituren gefunden habe, dass viele Personen mit diesem Mars im Horoskop, die ins Exil gehen mussten, diesen Zustand regelrecht und aktiv herbeigeführt haben.*

Mars ist ein Nachtplanet, folglich bekommt ihm ein Nachthoroskop besser. Im obigen Abschnitt wird ein Aspekt zwischen Mars und Jupiter sowohl in einem Nacht- als auch in einem Taghoroskop beschrieben. Im Nachthoroskop zeigt dieser Winkel eine große, fast furchterregende Person im militäri-

18 Trigon

19 Die Grenzen sind bestimmte Tierkreisgrade, die von den Planeten dominiert werden. Der Ursprung ist nicht eindeutig geklärt und es ist auch kein eindeutiges System zu erkennen. Ptolemäus schreibt dazu z.B., dass »die Zahlengebung der Grenzgrade vollkommen ungereimt überliefert« ist. (Tetrabiblos, Mössingen 1997, S. 63). Siehe auch: Rafael Gil Brand, Lehrbuch der klassischen Astrologie, Mössingen 2000, S. 195f.

20 Jupiter kann bei Mars stehen oder im Trigon zu Mars, dies lässt der Originaltext offen.

schen Dienst, während er im Taghoroskop einen generellen Fehlschlag bewirkt. Selbst ein Jupiteraspekt zu einem tagbetonten Mars verbessert die Gesamtlage nur ein wenig, mit der Wahrscheinlichkeit von Unglück, selbst wenn man gut lebt.

Beispiel 3 – Maternus Buch III, 6

Hinsichtlich der Position der Venus im Horoskop (am Aszendenten) ist zu sagen: Steht sie nachtbetont, so bringt sie Männer von göttlicher Intelligenz hervor und ermöglicht es ihnen, Freund von Königen und mächtigen Männern zu werden, aber auch zu Personen, denen die Amtsgeschäfte von Herrschern oder führenden Männern anvertraut wird. Dies bringt ebenso die besten Redner und guten Menschen hervor, jeweils abhängig von der Qualität und dem Wesen der Tierkreiszeichen. Steht die Venus beispielsweise im Horoskop in menschlichen Zeichen[21]*, so sorgt sie für Novizen der Priesterschaft oder solche Menschen, die goldbestickte und purpurne Priesterkleider tragen und die Zukunft vorhersagen. Darüber hinaus wird sie graziöse, charmante und wohlhabende Männer hervorbringen, insofern kein übelwollender Planet sich durch seine Strahlen auf die so platzierte Venus präsentiert.*

Befindet sich die Venus hinsichtlich ihrer Stellung jedoch in einer tagbetonten Genitur, dann entstehen notorische, triebhafte und unmoralische Männer; sie können auch Leinenweber, Sticker, Färber oder Gastwirte sein.

Venus ist ein Nachtplanet. Aber rufen wir uns die babylonischen Quellen ins Gedächtnis: Venus als Morgenstern unterscheidet sich von Venus als Abendstern. Venus Morgenstern entspricht dem Aspekt der Kriegsgöttin Ishtar, Venus Abendstern entspricht dem Aspekt der Liebesgöttin Ishtar. Diese Un-

21 Die antike Astrologie ordnet Zwillinge, Jungfrau, Waage und Wassermann den menschlichen Zeichen zu. Siehe hierzu auch: William Lilly, CHRISTLICHE ASTROLOGIE, Tübingen 2007, S. 114.

terscheidung lebt weiter in den tag- bzw. nachtbetonten Charakteristiken, die Maternus in dem oben zitierten Text beschrieben hat.[22] An anderer Stelle weist Maternus darauf hin, dass eine verletzte tagbetonte Venus für alle Formen sexueller Abarten, Perversionen und Degeneration steht.

Beispiel 4 – Maternus Buch III, 13

Steht der Mond in einem Nachthoroskop im 10. Haus des Horoskops, d.h. an der Himmelsmitte, dann wird er in diesem Haus – sofern es in einem Zeichen steht, in dem der Mond erhöht ist oder in dem er sonst gut gestellt ist, unter der Voraussetzung, dass er dabei zunehmend ist und darüber hinaus von Jupiter vorteilhaft bestrahlt wird – die größten Kaiser und mächtigsten Beamten hervorbringen, denen man mit gutem Grund die Macht über Leben und Tod anvertraut. Oft wird unter einem derart gestellten Mond ein Konsul geboren, der jedes Jahr wieder gewählt wird. Ist der Mond allerdings vor oder hinter der Himmelsmitte und steht er dabei in den benachbarten Häusern oder in der Nähe, so bringt dieser Mond oberste Richter hervor. Man kann generell sagen, dass der Mond im Zeichen der Himmelsmitte immer Personen ermöglicht, die in allen Berufungen groß werden und glücklich sein werden. Ist der Mond dagegen in Verbindung mit dem Saturn platziert oder Saturn besetzt einen Kardinalpunkt in der Genitur, so verfügt dies immer wiederkehrend Groll und Unglück.

Ist der Mond aber tagbetont, wenn er an der Himmelsmitte steht, dann bestimmt er Personen, die in jedem Beruf mittelmäßig sind und solche Geborenen, die es gewöhnt sind, getäuscht zu werden. Steht der Mond so in einem Taghoroskop und befindet sich die Sonne gleichzeitig in ihrem Domizil oder in ihrer Erhöhung oder im Domizil des Jupiter, dann bringt er Verwaltungsbeamte der größten Provinzen und Städte hervor, die jedoch

22 Erinnern wir uns daran, dass die Stellung des Morgensterns einer tagbetonten Platzierung entspricht, während der Abendstern einer nachtbetonten Position entspricht.

in ihrer Tätigkeit Veranlassung zu Furcht geben. Sind Sonne und Mond auf diese Weise im Horoskop gestellt – die Sonne in den Zeichen wie oben besprochen, der Mond am Medium Coeli – dann schützt diese Position beide gleichermaßen oder einen der beiden mit einem günstigen Strahl. Dies bringt dann Herrscher hervor, die sehr viel Glück und Gerechtigkeit schaffen und denen jeder mit Respekt begegnet.

Der Mond ist eindeutig nokturnal, also nachtbetont. Wir sollten aber den Unterschied bei einem Mond im 10. Haus bei Nacht bzw. bei Tag beobachten. Der Mond im 10. Haus bei einer Nachtstellung verleiht Kraft aus sich heraus, ohne dass er die Unterstützung eines anderen Planeten benötigen würde. Ein tagbetonter Mond hat wenig Kraft, es sei denn, er erhält Unterstützung von der Sonne oder von Jupiter, die beide Tagplaneten sind. Im Gegensatz zum Mars ist der Mond in einem Taghoroskop nicht übelwollend, sondern lediglich weniger effektiv.

Beispiel 5 – Liber Hermetis Kapitel XXVI

Die Sonne am Aszendenten bei einer Taggeburt, die nicht durch ungünstige Aspekte beeinträchtigt wird, besonders wenn sie in ihrem eigenen Haus oder in Triplizität oder Erhöhung steht, zeigt einen Geborenen aus noblem Hause an und einen Geborenen, der in seinem Heimatland für seine Reichtümer und Besitz gerühmt wird. Viele Könige unter dieser Konstellation wurden zu Herrschern über weite Teile der Welt oder große Regenten. Spielt jedoch Mars mit oder erreicht der das Medium Coeli und steht in Opposition zu diesem, oder steht er am Deszendenten oder auch im Aspekt am Aszendenten, dann verwalten sie ihre Königreiche und ihre Völker mit Hinterlist, Konflikten und großen Gefahren. Steht die Sonne jedoch in der Waage am Aszendenten oder in einem Zeichen, das ihr fremd ist, dann wird die edle Herkunft von väterlicher Seite in keiner Weise angedeutet, noch wird dem Nativen das Glück so hold sein; kleinere günstige Dinge können eintreten.

Steht die Sonne aber bei einer Nachtgeburt am Aszendenten, dann weist sie auf einen Geborenen niedriger Geburt, der aus armen Verhältnissen kommt. Oder sein Vater wurde verbannt, war ein Sklave bzw. hat sein Elternhaus zerstört. Manchmal zeigt sich darin auch, dass es sich um einen Waisen handelt und es verleiht dem Geborenen ein Leben voller Mühsal und ohne Ruhm. Besonders wenn ein Übeltäter von einer Hauptachse aus einen Aspekt bilden solltet verdoppelt sich das Übel und der Vater stirbt vor dem Geborenen und bringt seinen Nachkommen Trauer und Tod.

Hier haben wir zwei Auslegungen zu der Sonne im 1. Haus, nämlich eine für ein Taghoroskop und eine für ein Nachthoroskop. Wie kann die Sonne einerseits im 1. Haus und zugleich über dem Horizont stehen (also tagbetont)?. Im LIBER HERMETIS wie in vielen alten Werken, werden Ganzzeichenhäuser verwendet, bei denen sich das 1. Haus von 0°-30° des aufsteigenden Zeichens erstreckt und die übrigen Häuser werden entsprechend weitergezählt[23]. Aus diesem Grund kann die Sonne im 1. Haus sowohl über als auch unter dem Horizont stehen. Auch in der modernen Astrologie beginnen viele Astrologen das 1. Haus auf 5° über dem Aszendenten, so dass auch heute gelegentlich die Sonne im 1. Haus über dem Horizont stehen kann.

Im Falle der tagbetonten Sonne sollte der Leser das Ausmaß beachten, in welchem ein Marsaspekt in einem Eckhaus die guten Qualitäten der Sonne abschwächen kann. Erinnern wir uns, dass Mars nachtbetont ist und in Taghoroskopen ungünstiger wirkt. Eine diurnale, tagbetonte Sonne bedeutet, dass auch das Horoskop tagbetont ist.

Eine nachtbetonte Sonne im 1. Haus verliert gemäß dem LIBER HERMETIS nahezu alle ihre Kraft. Ganz offensichtlich ist dies nicht in Übereinstimmung mit den neuzeitlichen Erfahrungen einer Sonne im 1. Haus, aber wir sollten den Grundcha-

23 Siehe hierzu das Kapitel über die Ganzzeichenhäuser im zweiten Teil dieses Buches.

rakter der Auswirkung eines Tagplaneten in Nachtposition beobachten und nicht unbedingt die Exaktheit des Effekts, wie er hier dargelegt wird. Antike Beschreibungen von Auswirkungen scheinen oft eher dazu angelegt, das Prinzip einer Kombination durch Übertreibung darzustellen als eine tatsächliche und glaubwürdige Manifestation zu präsentieren. Zu guter Letzt sei eindeutig hingewiesen, dass man nicht erwarten darf, diese solche extremen Auslegungen sich offenen manifestieren, es sei denn es gibt eine deutliche Verstärkung im Horoskop – mit anderen Worten, das Horoskop als solches ist extrem.

Beispiel 6 – Liber Hermetis, Kapitel XXXI

Steht die Sonne in Konjunktion zu Mars bei Nacht, sei es in ihrem eigenen Zeichen oder in einem gewalttätigen Zeichen, so zeigt sie, dass der Geborene gewalttätig, gedankenlos, dreist, gefährlich, und von kurzem Leben sein wird sowie eines gewaltsamen Todes sterben wird. Aber bei einer Taggeburt wirken sich die ungünstigen Eigenschaften noch schlimmer aus.

Hier sehen wir die Auswirkungen der Sektionen, wenn eine Konjunktion zweier Planeten aus unterschiedlichen Sektionen vorliegt, denn die Sonne ist tagbetont und der Mars nachtbetont. Eine Konjunktion zwischen den beiden ist sehr günstig, aber die Schwäche der Sonne ist durch die Stellung in der Nachthemisphäre nicht so gravierend in ihrer Auswirkung auf die Sonne, als es die Schwäche des Mars durch die Taghemisphäre auf den Mars ist. Hier sehen wir wiederum, für wie unglücklich Mars angesehen wird, wenn er nicht in der Sektion steht. Die Sonne ist lediglich geschwächt, wenn Sie nicht in der Sektion steht, beim Mars ist dies viel schwerwiegender.

Beispiel 7 – Paulus Alexandrinus, Kapitel 24 (der folgende Text bezieht sich auf Planeten im 4. Haus).

Wenn Kronos (Saturn) an diesem Ort wahrhaftig in seiner Sektion steht, dann verweist er auf Menschen, die reich werden und ab der zweiten Lebenshälfte Wohlstand erlangen werden.

Manchmal wird ihnen ein besonderer Glücksfall zuteil. Steht Kronos dagegen außerhalb der Sektion, dann bringt er alle negativen Dinge. Bei Nacht verringert er das väterliche Erbteil und entfremdet den Geborenen von dem Vater oder er bringt Waisen hervor bzw. zeigt an, dass die Jugend von Krankheit überschattet ist und steuert zu einem schlechten Leumund bei.

Wenn der Stern des Ares (Mars) bei Tag an dieser Position steht, dann erzeugt er kränkliche Menschen und Hypochonder. Bei Nacht sorgt er für weniger Schwerfälligkeit und manchmal führt er den Geborenen sogar in den Militärdienst; außer er beeinträchtigt die Anlagen bezüglich Hochzeit und Kinder und bringt Menschen hervor, die häufig von Frauen misslich und undankbar behandelt werden.

Auch hier sehen wir wiederum die Auswirkungen der Sektionen auf die schädlichen Eigenschaften. Saturn im 4. Haus bei Tag wird ziemlich positiv gesehen, aber nahezu völlig negativ in einem Nachthoroskop. Vergleichbar hierzu steht Mars im 4. Haus äußerst ungünstig in einem Taghoroskop, aber etwas günstiger in einem Nachthoroskop.

Jedoch sowohl bei diesen beiden als auch bei den meisten anderen, sehen wir, dass die Sektion der Planetenposition von dem jeweiligen Horoskop abhängig ist, sprich davon, ob es ein Tag- oder ein Nachthoroskop ist. Wir sehen dagegen keinen Hinweis darauf, dass die Tag- und Nachtbetonung je nach Stellung in den Hemisphären Sektionen oder die Sektionen der Tierkreiszeichen, die Festlegung in Tag- oder Nachthoroskop abschwächt oder unterstützt. Wir haben aber genügend Belege dafür, dass diese anderen beiden Gesichtspunkte in früheren Zeiten durchaus mit in Betracht gezogen wurden. Zunächst haben wir das Wort »wahrhaftig« in dem obigen Textauszug, was die Vermutung nahe legt, dass das beste Ergebnis mehr erfordert, als dass nur die Sektionen des Horoskops stimmig sind. Es könnte bedeuten, dass auch das Zeichen in der angemessenen Sektion stehen muss. Die Sektion der Planetenposition kann in diesem Zusammenhang vernachlässigt werden, denn Saturn kann nicht tagbetont im 4. Haus in einem Taghoroskop sein und Mars kann ebenso wenig nachtbetont im 4. Haus in einem Nachthoroskop stehen.

Als einen Beleg für die Wichtigkeit der Tag- oder Nachtstellung können wir die folgenden Passagen anführen. Das erste Zitat stammt von Vettius Valens (ca. 175 n. Chr.) Buch III, Kap. 5.

Es ist ferner wichtig, die Sektionen der Planeten mit in Betracht zu ziehen. Denn Sonne, Jupiter und Saturn frohlocken, wenn sie während des Tages über dem Horizont stehen und bei Nacht unter dem Horizont. Dagegen freuen sich Mond, Mars und Venus, wenn sie bei Nacht über dem Horizont stehen und bei Tag unter dem Horizont. Merkur zieht mit der Sektion des Herrschers, in dessen Bereich er liegt.[24] *Weshalb und deswegen für Taggeburten, insofern der Geborene Jupiter, Sonne und Saturn gut platziert über dem Horizont haben sollte, dies besser wäre, anstatt sie nahe bei der Erde zu haben. Ähnliches ist auch für die Nachtplaneten vorteilhaft, wenn sie der Geborene über dem Horizont stehen hat [bei Nacht]. Venus frohlockt mehr, wenn sie die Stunde der Kulmination markiert, während die anderen Planeten erfreut sind, wenn sie die Stunde des Untergangs markieren.*[25]

Die zweite Textstelle stammt von Antiochus aus Athen, Kapitel 44 (ca. 250 n. Chr.).

Während des Tages frohlocken die Tagplaneten, wenn sie über

24 Die gebräuchlichere Regel in späteren Veröffentlichungen lautet, dass Merkur (Hermes) tagbetont ist, wenn er vor der Sonne als Morgenstern aufgeht und nachtbetont, wenn er nach der Sonne als Abendstern untergeht. Das in diesem Text ausgesagte Prinzip ist in Übereinstimmung mit der Annahme, dass Merkur keine wirklichen Qualitäten aufweist und den Charakter der mit ihm verbundenen Faktoren annimmt.

25 Dies ist eine Beschreibung der Sektion, die wir bislang noch nirgends gesehen haben.

der Erde stehen, während es den Nachtplaneten gefällt, unter der Erde zu sein. Und ebenso mögen es die Nachtplaneten, bei Nacht über der Erde zu stehen, während es die Tagplaneten dann eher vorziehen, unter der Erde zu sein.

Beispiel 8 – Paulus Alexandrinus, Kapitel 24

Das zwölfte zoidion *[Zeichen] von dem Horoskopos [Aszendent] aus, welches der wahre Ort von Kronos [Saturn] ist, wird auch schlechte Vorahnung und Vor-Aufsteigung des Horoskopos genannt. Wenn der Planet Kronos ein männliches zoidion bei einer Taggeburt besetzt, dann allein gefällt ihm diese Platzierung. Er wird immer Menschen hervorbringen, die die Oberhand über ihre Feinde behalten werden und diese zurückdrängen, aber auch Menschen, die stolz und zufrieden sind mit ihrer Arbeit. Diese Position verweist auf Gouverneure, Ratsbeamte, Menschen, die große Taten vollbringen, aber auch solche, die die Sitten vorschreiben.*

Dieses Beispiel ist interessant, denn eine Position, die ansonsten als vollkommen negativ angesehen werden würde, wird durch die korrekte Stellung in der Sektion gerettet. Ferner sehen wir hier den Sektor der Zeichen, denn ein maskulines Zeichen ist zugleich ein Tagzeichen. In diesem Beispiel befindet sich Saturn völlig in der Sektion. Er steht in einem Taghoroskop in einem Tagzeichen. Er steht in Hayiz. Vermutlich wäre ein Saturn im Wassermann die bestmögliche Stellung.

Beispiel 9 – Verschiedene Aphorismen aus der Renaissance

Gauricus: Kapitel 20
Saturn in seinem eigenen Haus bei Tage garantiert die Freundschaft von noblen und großen Männern mit Wohlstand. Vor allem am Aszendenten mit dem Glückspunkt entspringen ernste, weise, stolze und melancholische Menschen, und er wird der Erstgeborene sein oder der edelste unter den Brüdern. Bei Nacht jedoch ergibt dies viele Schwächen und Leiden.

Gauricus: Kapitel 20
Die Sonne im Haus des Saturn am Tage verweist darauf, dass der Geborene in all seinen Tätigkeiten perfekt sein wird. Bei Nacht dagegen wird er wankelmütig sein.

Gauricus: Kapitel 20
Die Sonne in ihrem eigenen [Zeichen] an einem kardinalen Haus oder einem nachfolgenden Haus bringt am Tag einen König oder einen großen Prinz hervor. Oder er wird der mächtigste Mann mit einem kräftigen Körper sein, der zu unerwarteten Reichtümern gelangt und der großes Glück bei Reisen haben wird. Bei Nacht jedoch verweist dies auf Kummer [für den Geborenen] und den schnellen Tod des Vaters.

Schöner: Buch IV, Canon VI
Denn wenn ein Fixstern am Aszendenten steht, oder im 10. Haus, oder im 7. Haus, oder bei der tagbetonten Sonne oder dem Mond bei Nacht, oder mit dem Glücksrad, denn an diesen Positionen hat er den stärksten Einfluss – ja selbst, wenn man den Fixstern an der Spitze eines anderen Hauses findet, will sagen, dass der Zufall von jener Art ist, die dem Einfluss des Hauses entspricht.

Alle diese Beispiele dienen dazu, die Tatsache zu unterstreichen, dass die Sektionen der Planeten in der Renaissance nicht unbekannt waren. Aber zum großen Teil überlebt die Lehre der Sektionen in zwei unterschiedlichen Formen. Die meisten Autoren fassen die Sektionen als eine weniger bedeutende akzidentielle Würde auf, vergleichbar mit der Lehre der Hayiz, wie wir in Schöners Opusculum Astrologicum sehen können. Das Grundprinzip der Sektionen, dass nämlich die Tag- und Nachthoroskope unterschiedlich ausgelegt werden müssen, wird dabei ausgeblendet. Auch bei Gauricus lässt sich das Überleben der Sektionen in bestimmten Aphorismen feststellen, die sich mit der Sektion der Planeten befassen und in denen die Auswirkungen der Sektion auf einer praktischen Ebene mit in Erwägung gezogen wird, aber die theoretische Grundlage scheint verloren gegangen zu sein. In späteren Werken gibt es nur gelegentliche Verweise auf die Hayiz. Dabei fehlt jede Erkenntnis oder Aufklärung darüber, dass die Planeten tag- oder nachtbetont unterschiedlich zu betrachten sind.

Der Grundcharakter von Planeten in Bezug zur Sektion

In diesem Abschnitt versuche ich auf der Basis dessen, was wir bereits wissen, dem Leser eine zusammenfassende Darstellung der Auswirkungen auf den jeweiligen Planeten zu geben, je nachdem ob er in oder außerhalb der Sektion steht. Die nachfolgend vorgestellten Prinzipien haben noch vorläufigen Charakter und sollten nur als Leitlinien für die weitere eigene Forschung benutzt werden. Es sollte jedem Leser klar sein, dass wir erst ganz am Anfang stehen, was unser Verständnis um die Bedeutung der Sektionen und deren Auswirkung auf die Planeten anbelangt.

Saturn ist ähnlich wie Mars einer derjenigen Planeten, für den die korrekte Platzierung in der Sektion von größter Bedeutung ist. *Saturn in einem Taghoroskop oder Saturn tagbetont in einem Horoskop platziert,* vorausgesetzt alle anderen Faktoren stehen angemessen, erwirkt die besten Qualitäten dieses Planeten, nämlich Disziplin, Ordnung und Respekt. Er ist sogar in der Lage, auf großen Erfolg und hohes soziales Ansehen hinzuweisen. Die klassischen Autoren haben nicht im Geringsten in Erwägung gezogen, dass diese Saturnstellung unglücklich wäre. Er ist nicht im wörtlichen Sinne ein Übeltäter. Bei dieser Stellung nimmt man vielmehr an, dass Saturn selbst nicht verletzt oder wesentlich geschwächt ist. Das folgende Zitat von Antiochus, Teil I, Kapitel 2 belegt dies:

Was aber die Wohltäter und die Übeltäter anbelangt, so sagt man, dass diese nur »so genannt« werden [d.h. die Begriffe sind nur Konventionen], denn wenn die Übeltäter bei einem bestimmten Horoskopeigner in der Phase, in der Sektion und für den Geburtsort gut gestellt sind, dann können sie oftmals das Glück vergrößern; sind dagegen die Wohltäter schlecht gestellt, dann behindern sie Fortuna.

Dagegen ist *Saturn in einem Nachthoroskop oder in nachtbetonter Stellung* eine vollkommen andere Angelegenheit. Dies entspricht ganz und gar dem Übeltäter, so wie ihn die Astrologen in der Antike gesehen haben. Er bringt wirklich Unglück und Übel und erzeugt unbegründet Verderben und Katastrophen. Für die Astrologen war dieser Saturn nicht ein Ergebnis dessen, dass der Geborene »nicht angemessen mit seiner Energie umging.« Dieser Saturn war wirklich und unausweichlich böse, jedenfalls gewinnt man diesen Eindruck bei der Lektüre der alten Schriften. Wir sollten uns aber auch daran erinnern, dass Saturns negative Qualität für die Astrologen der Antike, wie beispielsweise in den hermetischen Schriften des Vettius Valens dargelegt, Unkenntnis oder *agnoia* war, die in eine Notlage (*anangke*) führte. Ferner sollten wir uns daran erinnern, dass das Prinzip des Tages Licht ist und Licht als solches wird mit Bewusstsein oder *nous* gleichgesetzt – dem ersten Prinzip der Sonne. Möglicherweise besagt die theoretische Grundidee in all diesen Ansätzen, dass Saturn während des Tages am meisten erleuchtet wird, so dass seine Auswirkungen am ehesten bewusst gemacht werden können. Diese würde die negativen Effekte des Saturn eliminieren, denen das Individuum schicksalhaft unterworfen ist, weil es sich nicht bewusst ist, wie die Dinge wirklich liegen. Vor allen Dingen in Hinblick auf die Beobachtungen der modernen Astrologie ist es sehr interessant, dass sich Menschen mit einem stark saturnalen Charakter für die einzigen »Realisten« halten. Auf welche Art von Wirklichkeit aber bezieht sich ihr Realismus?

Gemäß diesen Grundsätzen kann der nachtbetonte Saturn dem Horoskopeigner in keiner Weise beistehen, um *agnoia* und *anangke* zu überwinden. Folgerichtig ist der Geborene gezwungen, sein Schicksal zu durchleben ohne zu wissen, dass die Notlage eine Illusion war.

Ferner haben wir die Feststellung von Ptolemäus in seinem ersten Buch: »*Saturn wirkt kältend, weil er dem Anscheine nach am weitesten von der Hitze der Sonne wie von feuchten Dünsten entfernt sich aufhält.*«[26] Demnach ist sowohl Hitze als auch Tageslicht für Saturn günstig.

Jupiter – Im Hinblick auf Jupiter werden wir mit einem Problem konfrontiert, das so alt ist wie die Astrologie. Es fällt den Astrologen viel leichter, Schwierigkeiten zu beschreiben als Erfolge. Was Jupiter anbelangt, können wir feststellen, dass er als tagbetonter Planet in einem Taghoroskop besser gestellt ist als in einem Nachthoroskop, aber die Einzelheiten sind nicht so gut herausgearbeitet. Grundsätzlich gilt, dass *Jupiter in einem Taghoroskop oder tagbetont platziert*, vorausgesetzt auch die anderen Faktoren sind ähnlich gestellt, zu seiner besten Ausdrucksform führt, nämlich Erfolg, Macht, Wohlstand usw. Sollte aber ein Übeltäter einen Aspekt auf den tagbetonten Jupiter bilden, dann werden seine Vergünstigungen eingeschränkt, jedoch nicht eliminiert.[27] Daraus lernen wir, dass ein tagbetonter Jupiter durchaus in der Lage ist, negativen Einflüssen zu widerstehen.

Basierend auf dem oben beschriebenen Prinzip, dass Tageslicht ein Symbol für Bewusstsein ist, würden wir erwarten, dass Jupiter diurnal ist, da er symbolisch auch Wissen und Bewusstsein verkörpert. Es dürfte schwerfallen, ein Buch in der Dunkelheit zu lesen. Daraus können wir schließen, dass Jupiter bei Nacht weniger wirksam sein dürfte. *Jupiter in einem Nachthoroskop oder nachtbetont gestellt* im Horoskop verliert jedoch gemäß den antiken Autoren nicht ganz seine Wirksamkeit. Allerdings entgeht ihm die Fähigkeit, den negativen Auswirkungen eines Übeltäters zu widerstehen. Ist Jupiter außerhalb der Sektion

26 Ptolemäus, Tetrabiblos, S. 33

27 Siehe Maternus Buch III, 3

und verletzt, dann geht seine ganze Wirkung beinahe verloren, allerdings ist der zugrunde liegende Mechanismus nicht klar.

Entsprechend den modernen Begriffen der Astrologie könnte ein verletzter, nachtbetonter Jupiter seine Kraft verlieren, weil die Auswirkungen von Jupiter auf die eine oder andere Weise abgeschwächt werden. Rufen wir uns in Erinnerung, dass Jupiter traditionell als warm und feucht angesehen wurde. Die Hitze versorgt seine aktive und anmaßende Natur. In der Nacht könnte jedoch die Feuchtigkeit verstärkt werden. Das ist nicht besonders schlecht, denn dadurch wird die Fähigkeit des Horoskopeigners verstärkt, mitfühlendes Verständnis zu zeigen. Aber Jupiter hätte weniger Energie (Wärme), um sich gegen einen Übeltäter durchzusetzen. Seine erhöhte Sensibilität kann ihn sogar dazu veranlassen, die Qualität des Übeltäters bis zu einem gewissen Ausmaß zu übernehmen. Wenn Jupiter ein Planet der Kenntnisse und des Bewusstseins ist und wenn eine Nachtstellung dazu tendiert, dies abzuschwächen, dann würde die Feuchtigkeit – das Mitgefühl und die Sensibilität – ferner dazu neigen, sich ohne Vorbedacht zu verausgaben. Ein nachtbetonter Jupiter käme mehr den Fischen gleich und ein tagbetonter dem Schützen. Es gibt keinen eindeutigen Beleg hierfür in den alten Schriften, denn es war nicht üblich, Planetenpositionen im Hinblick auf psychologische Eigenschaften zu beschreiben. Aber dies könnte ein unterschwelliger Mechanismus sein. Darin dürfte der symbolische Ursprung liegen, dass das Zeichen Fische jeden und alles retten möchte, auch wenn ihm die Kraft dazu fehlt.

Mars – Die Wirkung des Mars ist ebenfalls sehr stark abhängig von seiner Stellung in der Sektion. *Mars in einem Taghoroskop oder tagbetont gestellt* handelt auf die schlimmste Weise, in der Annahme, dass es nichts gibt, was seine Taten mäßigen könnte. Wir dürfen erwarten, dass Licht, das dem Bewusstsein entspricht, jede Energie verstärkt, auch die des Mars. Aber nach der alten Lehre muss man allen Erscheinungen des Kosmos Gerechtigkeit widerfahren lassen. Es gibt Dinge auf der

Welt, die nicht der Natur des Bewussteins (*nous*) unterstellt sind, weshalb diese aber nicht für böse erklärt werden können. Die Dinge sind einfach so, wie sie sind. Es scheint, liest man zwischen den Zeilen, als ob kein noch so großes Licht Mars wirklich erhellen kann. Mars steht für eine rohe, vom Instinkt geleitete Energie, die eigentlich nie mit Bewusstsein in Erscheinung tritt. Man kann für Mars lediglich hoffen, dass er durch ein Empfinden von Mitleid und Gefühl bezähmt wird. Die Tageszeit ist heiß und trocken. So ist auch Mars. Tageslicht macht Mars aktiver und gefühlsärmer. Der perfekte tagbetonte Mars ist äußerst aktiv, hat aber seine Gefühle völlig im Griff, so dass er mit perfekter Disziplin und Ordnung mutwillige Zerstörung schaffen kann. Deswegen ist er unglücklich und ungünstig.

Aber Mars in einem Nachthoroskop oder nachtbetont gestellt im Horoskop ist ganz anders gelagert. Bei Ptolemäus steht: *Aus solchem Grunde verbanden sie (...) den dörrenden Mars der Feuchtigkeit der Nacht. So wird jeder von ihnen, besänftigt durch diese Gegenwirkung, gemäßigter.«*[28] Hier sehen wir, was die Wirkung der Nacht ist. Der Tag entspricht dem Bewusstsein, aber die Nacht ist feucht, d.h. verbindend, fühlend, empfindend und nährend. Die Feuchtigkeit der Nacht kühlt Mars ab und macht ihn verbindlicher. Der nachtbetonte Mars ist kein durchweg wohlwollender Planet, aber er äußert sich öfter als eine defensive, standhaltende Energie. Ein Beispiel hierfür wäre der Soldat, der kein Interesse hat, andere Nationen anzugreifen, sondern nur die Sicherheit seines eigenen Volkes gewährleistet sehen möchte. Allgemein ausgedrückt werden wir feststellen, dass die Wirkung der Nachtplaneten sich auf die Gefühle der Verbundenheit, der Verwandtschaft, der Unterstützung und des Nährens verlassen – sprich auf die auf Feuchtigkeit bezogenen Themen. Mars mag uns in der Gesellschaft von Venus und Mond etwas fremdartig erscheinen, aber er gehört in deren Nähe, nicht weil er ihnen ähnlich wäre, sondern weil er ebenso

28 Ptolemäus, TETRABIBLOS, S. 37

wie diese seine Möglichkeiten am besten ausschöpft, wenn er sich auf positive und gebende Energien bezieht.

Die Sonne ist *Nous* an sich, oder zumindest dessen sichtbarer Repräsentant in der physischen Welt. Sie ist das diurnale Prinzip. Aus diesem Grund darf man erwarten, dass sie über dem Horizont am besten gestellt ist. Außerdem ist die Sonne der einzige Planet, für den es gleichbedeutend ist, in einem Taghoroskop zu stehen oder in einem Horoskop tagbetont platziert zu sein. Im Gegensatz zu den anderen Planeten kann die Sonne nicht tagbetont in einem Nachthoroskop stehen, denn allein von ihrer Horoskopstellung hängt es ab, ob es sich um ein Tag- oder Nachthoroskop handelt.

Steht die Sonne tagbetont im Horoskop über dem Horizont, dann erreicht sie ihr Maximum an Energie, vorausgesetzt, sie befindet sich nicht im 8. oder 12. Haus. Dies dürfte moderne Astrologen nicht überraschen. Auch zeitgenössische Quellen verweisen darauf, dass die Sonne über dem Horizont sehr viel kraftvoller wirkt. Allerdings wird vom heutigen Standpunkt aus die Auswirkung der Sonne unter dem Horizont meist nicht so schwach eingeschätzt wie in traditionellen Ansätzen. Jedoch dürfte der offenbare Konflikt zwischen moderner und traditioneller Astrologie mehr augenscheinlich sein als wirklich. Wird etwas als schwach beurteilt, so müssen wir fragen, in welcher Weise es schwach ist. Mangelt es am Effekt? Funktioniert es zwar stark, aber mit schlechten Folgen? Oder wirkt es einerseits zwar stark, aber letztlich so, dass es den Geborenen gefährdet? Es handelt sich hierbei um drei ganz unterschiedliche Kriterien, die von den Astrologen in unterschiedlichen Epochen als Argumentationsbasis herangezogen worden wären, um zu entscheiden was »schlecht« ist. Außerdem kann genau das, was aus der Perspektive eines bestimmten Planeten negativ ist, unter Berücksichtigung des gesamten Horoskops recht nützlich sein.

Steht *die Sonne nachtbetont in einem Horoskop*, so wissen wir nicht mit Sicherheit, welche »schädlichen« Kriterien für die Sonne unter dem Horizont am ehesten zum Tragen kommen.

Es ist aber sehr wahrscheinlich, dass diese Position die meisten typischen Merkmale der Sonne beeinträchtigt, also z.B. ihren Hang nach Show oder das Verlangen, Dominanz zu erlangen usw. Auf der Ebene von *nous* sollte die Sonne logischerweise sehr günstig sein, wenn es darum geht, das Innenleben des Geborenen zu erleuchten. So gesehen ist die wichtigste Auswirkung darin zu sehen, ob die Sonnenstellung ein tag- oder ein nachtbetontes Horoskop ergibt.

Venus. Es ist nicht ganz eindeutig, ob eine Venus in einem Taghoroskop wirklich so schwierig gestellt ist. Es scheint eher so zu sein, dass die alten Autoren dachten, eine tagbetonte Venus verhielte sich nicht so, wie es einer Venus (im weiteren Sinne aus Sicht der damaligen Zeit auch einer Frau) angemessen wäre. Im Augenblick sollten wir dies aus der Perspektive der Antike betrachten und im Hinterkopf behalten, dass wir das eventuell entsprechend unserer heutigen Sichtweise modifizieren müssen.

Steht Venus in einem *Taghoroskop oder tagbetont in einem Horoskop*, dann verweist sie auf eine sehr starke weibliche Sexualität, was eine Frau in einer traditionell patriarchalisch ausgerichteten Gesellschaft zu Unmoral und laszivem Verhalten neigen lässt. (Ich muss folgerichtig ergänzen, dass diese Logik aus der alten Sichtweise hergeleitet ist.) In heutiger Zeit würde ich von einer tagbetonten Venus eher erwarten, dass diese in dem Horoskop einer Frau auf eine Person hindeutet, die Schwierigkeiten hätte, die überlieferte Frauenrolle in der Gesellschaft und im Sexualverhalten zu akzeptieren. Da aber diese Erwartungen jeweils nicht mehr so hoch angesetzt sind, dürfte diese Venus heute kein ernsthaftes Hindernis für eine erfolgreiche Partnerschaft darstellen.

Die antiken Astrologen gingen im Horoskop eines Mannes davon aus, dass eine tagbetonte, diurnale Venus einen sanften, verweichlichten Menschen mit einer Veranlagung zu sexuell abweichendem Verhalten anzeigt. Aus moderner Sicht würde ich bei einer tagbetonten Venus im Geburtsbild eines Mannes eine Neigung zu starken und dominanten Frauen erwarten.

Venus in einem *Nachthoroskop oder nachtbetont in einem Horoskop* entspricht mehr der traditionellen, weichen, femininen Venus. So müssten wir uns auch eine Frau mit dieser Venusposition vorstellen und ein Mann mit einer so platzierten Venus würde diesen Typ Frau bevorzugen.

Aus den alten Schriften geht eindeutig hervor, dass Venus nicht besonders problematisch gestellt ist, wenn sie nicht in ihrer Sektion steht. Dies könnte damit zusammenhängen, dass Venus der am stärksten tagbetonte Planet der Nachtplaneten ist, der in der Liste direkt unter Merkur steht, welcher ja entweder diurnal oder nokturnal sein kann.

Merkur kann, wie gerade beschrieben, tagbetont oder nachtbetont sein. Es liegen uns aber keine Deutungsbeispiele vor, die eindeutig zwischen der Tag- und der Nachtstellung Merkurs unterscheiden. Alles, was ich zu diesem Thema schreibe, basiert auf Vermutungen und ist nicht aus direkten Erfahrungen oder alten Quellen abgeleitet. Es gibt jedoch eine Unterscheidung, die wir bei Paulus und anderen Quellen finden:

Denn dieser Stern, nach der allgemein zugewiesenen Natur, scheint sich gut zu stellen mit den Wohltäter-Sternen und er scheint gemein zu sein mit den schädlichen Sternen.

Dieses Zitat wurde der Übersetzung von Robert Schmidt entnommen, der in einer Fußnote auch näher auf das Wort »gemein« eingeht, die ich hier wiedergeben möchte:

Wir würden den Begriff »schlecht« (kakos) im Gegensatz zu »gut« (agathos) erwarten. Es ist bedeutsam, dass Paulus auf den Begriff phaulos wechselt, was »gemein« bedeutet im Sinne von »vulgär« oder »niederträchtig«. Fassen wir den Begriff »gut« insgesamt einmal näher ins Auge. In der platonischen Tradition wird das Eine, welches das Prinzip der Identität und der Allgemeinheit ist, gleichgesetzt mit der Gottesidee. Folglich kann sich die Wesensart von Hermes auf zweierlei Weise manifestieren, je nachdem ob er in Konfiguration zu günstigen oder unheilvollen Planeten steht. Bei den glückbringenden Faktoren ist er gemein im guten Sinne einer Einheit; bei den schädlichen Einflüssen ist die Rede von gemein im verdorbenen Sinne von gemein zu allen.

Laut Paulus übernimmt Hermes folglich nicht die günstigen oder schädlichen Einflüsse der anderen Planeten, was ja in der neueren Astrologie der Fall zu sein scheint. Er ist nicht nur neutral. Seine Grundzüge stehen nicht in Bezug zu den anderen Planeten, sondern liegen in seiner Natur. Vergleichen Sie die lateinischen Begriffe communis, von dem unser »gemein« stammt im Gegensatz zu vulgaris, der Wortwurzel für unseren Ausdruck »vulgär«.

Auch wenn wir bislang keine Textbelege dafür haben, ist es dennoch vernünftig, anzunehmen, dass Merkur außerhalb der Sektion stehend in die *phaulos* Form seiner Manifestation wechselt. Die geringe Bezugnahme auf Merkur innner- oder außerhalb der Sektionen lässt vermuten, dass Merkur, ganz entsprechend seinem Grundcharakter, kaum stark beeinträchtigt wird, ob er nun in der Sektion steht oder nicht.

Der Mond ist der am deutlichsten nachtbetonte Planet, da er der Herrscher über den nachtbetonten (oder lunar genannten) Sektor ist. Die Beispiele aus den alten Schriften legen nahe, dass der Mond, wenn er stimmig in seiner Sektion platziert ist, so stark wirkt wie die Sonne bei einer Taggeburt. Steht der Mond dagegen nicht in der Sektion, so scheint er entweder ziemlich schwach zu sein oder aber eine Quelle für Schwierigkeiten. Der Mond ist ein gutes Beispiel für eine *quantitative* oder eine *qualitative* Wirkung, je nachdem, in welcher Situation bezüglich der Sektion er sich befindet.

Der Mond in einem Taghoroskop oder tagbetont platziert in einem Horoskop befindet sich in ernsthaftem Nachteil. Dies lässt sich durch die Erfahrung belegen. Selbst wenn er durch die Hausposition günstig gestellt ist, die Radixaspekte, die mit dem Mond in Verbindung stehen, bringen Probleme mit sich. Steht der Mond zum Beispiel in einem Taghoroskop im 10. Haus (also einer Tagposition in einem Taghoroskop), so deutet dies auf ein schwieriges Verhältnis zu Frauen im Hinblick auf die Weiterentwicklung der eigenen Karriere hin. Es kann ferner auf eine eher problematische Mutterbeziehung hinweisen. Die hierzu angeführten Beispiele in den alten Schriften legen auch nahe, dass ein Mond in dieser Stellung den verschiedenartigsten Funktionsstörungen nicht widerstehen kann.

In einem Nachthoroskop oder nachtbetont in einem Horoskop ist der Mond besonders stark gestellt. Was immer der Mond in diesem Geburtsbild anzeigt, ist für den Geborenen eine Quelle der Stärke, da man unterstellt, dass der Mond durch nichts ernsthaft behindert wird. Es wurde beobachtet, dass der Mond in Hayiz im 10. Haus eine starke Mutter bedeutet, ebenso erlangt der Geborene beachtlichen beruflichen Erfolg, falls der Mond nicht behindert wird. Allerdings tritt dieser Mond ganz anders auf als die Sonne. Finden wir bei der Sonne Hinweise auf großen Erfolg, so erwirkt sie dies durch die persönliche Stärke und das Ego des Geborenen. Dagegen lässt ein stark gestellter Mond eine Person erkennen, die Erfolge erlangt, indem sie die Bestrebungen der anderen aufnimmt und zu deren Nutzen dienlich ist.

Weitere Anzeichen für die Sektion

In diesem Kapitel möchte ich den Leser noch mit einigen weiteren Gesichtspunkten zur Horoskopdeutung bekannt machen, bei denen die Unterscheidung zwischen Tag- und Nachthoroskopen eine Rolle spielt. Diese Materialien sollen Ihnen einige Ideen vermitteln, wie wichtig das Prinzip der Sektionen ist.

Triplizität und Triplizitätsherrscher. Nach der Tradition wurde angenommen, dass die vier Triplizitäten von zwei oder mehr Planeten beherrscht wurden, die die höchsten Würden innehatten und zugleich in derselben Sektion standen. Diese Systematik wurde von Vettius Valens, Dorotheus von Sidon und anderen Astrologen der alten Welt vertreten – allen voran die arabischen Autoren – sowie von Bonatti. Diese Herrscher der Triplizität wurden folgendermaßen hergeleitet:

In der Feuer-Triplizität sind Mars, Sonne und Jupiter die Zeichenherrscher. Die Sonne ist der einzige Herrscher, der in dieser Triplizität erhöht steht. Feuer wird zu der tagbetonten Sektion gerechnet. Von den erwähnten Herrschern sind die Sonne und Jupiter tagbetont, Mars ist nachtbetont. Folglich kann der Mars kein Triplizitätsherrscher im Feuer sein. Die Sonne ist stärker tagbetont und aus diesem Grund wurde ihr die Herrschaft über die Feuer-Triplizität in Taghoroskopen zugewiesen, während Jupiter deren nokturnaler Herrscher ist. Saturn hat keine Würde im Feuer, aber er ist tagbetont. Deswegen ist Saturn der dritte Herrscher der Feuer-Triplizität, der eine gleichmäßig verteilte Herrschaft über das Feuer bei Tag und bei Nacht hat, jedoch immer eine untergeordnete Position gegenüber der Sonne bei Tag bzw. Jupiter bei Nacht. Folglich treten die Herrscher bei Feuer immer in dieser Reihenfolge auf: Sonne, Jupiter, Saturn bei Tag oder Jupiter, Sonne, Saturn bei Nacht.

In der Erd-Triplizität haben wir die Zeichenherrscher Venus, Merkur und Saturn. Die Herrn der Erhöhung sind Mond, Merkur und Mars. Venus, Mond und Mars gehören zu der Nacht-Sektion. Merkur kann, wie wir bereits gesehen haben sowohl tag- als auch nachtbetont sein, scheint aber eine Spur mehr zur Tagbetonung zu neigen. Saturn ist eindeutig tagbetont und könnte folglich nicht als Herrscher einer nachtbetonten Triplizität in Betracht kommen. Also verbleiben Venus, Mond und Mars. Da Venus der am stärksten tagbetonte Planet ist, wurde ihr die Herrschaft der Erd-Triplizität in Taghoroskopen übertragen. Der Mond erhält die nachtbetonte Herrschaft und Mars die allgemeine Herrschaft. Folglich herrscht in der Erd-Triplizität bei Tag zuerst die Venus, dann der Mond und schließlich Mars. Bei Nacht wird das Erdtrigon vom Mond, von der Venus und schließlich vom Mars beherrscht.

In der Luft-Triplizität haben wir die Zeichenherrscher Merkur, Venus und Saturn. Der einzige Herrscher in der Erhöhung ist Saturn. Er ist von den drei Planeten der am stärksten tagbetonte, und so wurde ihm die Herrschaft der Luft-Triplizität bei Tag zugesprochen. Merkur erhielt die Triplizitätsherrschaft bei Nacht. Venus wurde zurückgewiesen, da sie nachtbetont ist, während die Luft tagbetont ist. Die einzigen noch verbleibenden Tagplaneten sind Sonne und Jupiter. Die Logik hinter der Zuschreibung ist nicht ganz eindeutig, aber die allgemeine Herrschaft wurde Jupiter übergeben. Es gibt keinen gesicherten Nachweis hierfür, aber es könnte mit der Tatsache zusammenhängen, dass Jupiter der Luftplanet par excellence ist. Die Sonne galt als zu sehr dem Element Feuer zugehörig.

In der Wasser-Triplizität sind Mond, Mars und Jupiter die Zeichenherrscher. Die Herrscher der Erhöhung sind Venus und Jupiter. Diesbezüglich muss Jupiter zurückgewiesen werden,

	System der drei Herrscher			Ptolemäus	
Element	Tag	Nacht	generell	Tag	Nacht
Feuer	☉	♃	♄	☉	♃
Erde	♀	☽	♂	♀	☽
Luft	♄	☿	♃	♄	☿
Wasser	♀	♂	☽	♂	♂

Tab. 2

da er tagbetont ist, während Wasser als nachtbetontes Element gilt. Da Venus die deutlichere Tagbetonung vorweist, wurde sie zum tagbetonten Herrscher der Wasser-Triplizität. Mars wurde die nachtbetonte Herrschaft zugewiesen, obwohl der Mond der Planet mit der stärksten Nachtbetonung ist. Aus nicht ganz geklärten Gründen wurde der Mond zum allgemeinen Herrscher. Deswegen hat die Wasser-Triplizität die gleichen Herrscher wie die Erd-Triplizität, aber in anderer Reihenfolge. Wahrscheinlich wurde diese unterschiedliche Reihenfolge tatsächlich nur deswegen eingeführt, um die beiden Triplizitäten zu unterscheiden, ähnlich wie auch Feuer und Wasser durch unterschiedliche Planeten unterschieden wurden.

Ptolemäus präsentiert ein leicht davon abweichendes System, das auf zwei anstatt auf drei Herrschern aufbaut, aber diese werden dennoch in Bezug dazu gesehen, ob ein Tag- oder ein Nachthoroskop vorliegt. Abgesehen vom Wasser, sind die Triplizitätsherrscher bei Ptolemäus identisch mit dem auf drei Herren basierenden System, er lässt allerdings die allgemeinen Herrscher weg. Bei Wasser weist Ptolemäus die Herrschaft der Triplizität sowohl bei Tag als auch bei Nacht dem Mars zu, obwohl er Venus und Mond gleiche Anteile zugesteht. Tabelle 2 fasst beide Systeme zusammen.

Das ptolemäische System der Triplizität wurde von William

Lilly und einigen anderen englischen Autoren des 17. Jahrhunderts eingesetzt. In diesem System ist die Triplizität einfach eine essentielle Würde, die verwendet wurde, um die Stärke eines Planeten in seiner eigenen Position zu begründen, aber auch, um die Herrschaft von Planeten über Häuserspitzen und andere Planeten zu benennen. Allerdings spielt das System der drei Herrscher eine sehr viel gewichtigere Rolle, um ein Horoskop zu deuten, wobei die Sektionen dabei von großer Bedeutung sind. Dies geht zurück bis zu den ältesten astrologischen Texten. Der folgende Abschnitt stammt aus Vettius Valens Buch II:

Bei denjenigen, die am Tage geboren sind, ist es wichtig darauf zu achten, in welchem Dreieck wir die Sonne vorfinden, ferner welcher Herrscher über dieses Trigon den Vorrang hat[29], *wer der Mitarbeiter dieses Trigons ist*[30], *ob diese zu dem Zeitpunkt an einem Angelpunkt stehen (Spitze eines Eckhauses), ob diese nachfolgend oder fallend sind, ob sie auf- oder untergehen, ob sie in ihren eigenen Zeichen sind, ob Übeltäter oder wohlwollende Planeten als Zeugen auftreten und eine entsprechende Aussage machen. Denn sollten sie die Stunde markieren*[31] *oder kulminieren oder sollten sie in einem anderen vorteilhaften Zeichen gefunden werden, dann verweisen sie im Voraus auf Geborene, die glücklich und strahlend sind. Sollten wir sie in einem nachfolgenden Haus antreffen, dann deuten sie auf Mittelmäßigkeit, sind sie aber in einem fallenden Haus, so sind die Geborenen depressiv und unglücklich. Wir sollten ferner überprüfen, wie die Situation der Sonne selber ist und von welchen Sternen (Planeten) sie aspektiert wird. Bei denjenigen Menschen, die bei Nacht geboren wurden, wird es nötig sein, den Mond auf ähnliche Weise in Erwägung zu ziehen, den Herrscher des Trigons mit dem größten Vorrang und den allgemeinen Herr-*

29 Der erste Herrscher der Triplizität, der Tagherrscher bei Tag oder der Nachtherrscher bei Nacht.

30 Der zweite Herrscher der Triplizität, der Tagherrscher bei Nacht oder der Nachtherrscher bei Tag.

31 Im 1. Haus stehen

scher des Trigons zu untersuchen, und zwar im Hinblick darauf, welche Konfigurationen diese haben – so wie oben beschrieben.

Denn wenn der vorrangige Herrscher des Tages oder der Nacht misslich in ein schlecht gelegenes Zeichen fällt, während der Herrscher in Vertretung[32] *gut gestellt ist und an einem Angelpunkt steht, dann wird der Geborene erst später aktiv, nach Hochs und Tiefs in den frühen Jahren bis zur Aufsteigung des Zeichens*[33] *oder bis zur periodischen Wiederkehr der Planeten*[34] *– außer wenn er sein Leben ohne innere Stabilität und in Furcht verbringt. Aber wenn der Hauptherrscher günstig fällt, während der nachfolgende Herrscher unglücklich steht, dann wird der Geborene später, nachdem er gut über die ersten Jahre kam, herabgesetzt werden während der Aufsteigungszeit des Zeichens, in welchem der nachfolgende Herrscher schlecht gestellt ist. Wir werden später darauf eingehen, wie wir diese*

32 Der zweite Herrscher

33 Die Anzahl der Jahre, die mit der Zeit des Aufsteigens des Zeichens korrespondiert. Während das einzelne Zeichen aufsteigt, läuft eine bestimmte Zahl an Graden in Rektaszension über den Meridian. Bei Zeichen mit längerer Aufsteigung wird dies in der nördlichen Hemisphäre mehr als 30° sein, bei Zeichen mit kürzerer Aufsteigung wird es weniger als 30° sein. Die exakte Anzahl an Graden hängt von der Breite ab. Wie auch immer die Anzahl an Graden sein mag, man nimmt ein Grad pro Jahr. Dies ist die Aufsteigung des Zeichens ausgedrückt in Zeit.

34 Wir können bei der Interpretation dieser Textstelle nicht ganz sichergehen, dies scheint jedoch die Bedeutung zu sein, basierend auf den Methoden, die Valens in den Beispielhoroskopen anwendet. Üblicherweise berechnet er Perioden auf zweierlei verschiedene Arten. Zunächst nimmt er die kleineren Jahre (mehr dazu siehe Fußnote 36) oder eine andere Periode eines Planeten, der in einem bestimmten Zeichen herrscht. In den Beispielhoroskopen kommt die Periode entweder von einem Planeten oder von dem Zeichen, in dem er herrscht (wie in der vorangegangenen Fußnote), aber dies bedingt eine Doppeldeutigkeit, da die meisten Planeten in zwei Zeichen herrschen.

Zeit richtig zu beurteilen haben. Stehen aber beide Herrscher günstig, werden die glücklichen Umstände von Dauer sein und der Geborene wird wohlhabend werden (es sei denn, ein Übeltäter steht in der Opposition in höherer Position dazu). Ebenso wenig werden sich die Lebensumstände des Horoskopeigners umkehren. Aber jeder Stern, der eine Herrschaft innehat und tatsächlich in einem fallenden ist, wird eine Behinderung darstellen und ein Plünderer werden. Denn er bringt Menschen hervor, die anderen unterlegen sind, die in ständigem Auf und Ab leben, die eine schlechte Reputation haben, die Unrecht und Leiden erfahren oder denen es am Lebensunterhalt mangelt.

Falls bei denjenigen, die bei Tag geboren wurden, die Sonne im Widder, Löwen oder Schützen stehen sollte, so wäre es am besten, wenn diese auf einem Eckpunkt stünde. Wenn deren Co-Sektions-Mitglieder[35] *ebenso auf folgenden Häusern zu finden sind und Widder gleichzeitig weder in Opposition noch im Quadrat steht, dann dürfte die Beurteilung auf gutes Glück hinweisen. Sollte es ungekehrt sein, so sind Einschränkungen zu erwarten. Wenn die Sonne bei Tag in Stier, Jungfrau oder Steinbock anzutreffen ist, dann wird es notwendig, in erster Linie nach dem Stern der Aphrodite Ausschau zu halten und an zweiter Stelle nach dem Mond und nach Mars an dritter Stelle und zu prüfen, wie diese konfiguriert und von wem sie aspektiert sind. Ganz ähnlich ist es, wenn die Sonne bei Tag in der Triplizität Zwillinge, Waage und Wassermann steht, erforderlich, den Stern des Kronos und den des Hermes und den des Zeus in Erwägung zu ziehen. Steht die Sonne bei Tag in Krebs, Skorpion oder Fische, dann muss man den Stern der Aphrodite, den des Ares und den Mond an den Eckpunkten beachten und auf diese Weise den entscheidenden aufzeigen. In ähnlicher Weise obliegt es uns, den Mond bei Nacht zu untersuchen.*

Hier haben wir einen weiteren Auszug aus dem zweiten Buch von Guido Bonatti, welcher die gleiche Methode beschreibt:

35 Die anderen Planeten in der gleichen Sektion.

Der Herr der Triplizität des Aszendenten der Geburt oder der Fragestellung ordnet das Leben des Geborenen oder des Fragestellers auf universelle Weise gemäß drei Einteilungen vom Anbeginn des Lebens und während seines ganzen Weges bis hin zu seinem natürlichen Ende. Der erste Herr der Triplizität des Aszendenten bestimmt das erste Lebensdrittel des Geborenen. Der zweite Herrscher bestimmt das zweite Drittel und der dritte Herrscher bestimmt das letzte Drittel bis zu seinem Ableben.

Die Lebenszeit des Geborenen wird so behandelt, als ob sie in drei Drittel aufgeteilt wäre. Der erste Abschnitt wird in Taghoroskopen von dem tagbetonten Triplizitätsherrscher der Triplizität der Sonne beherrscht und in Nachthoroskopen von dem nachtbetonten Triplizitätsherrscher der Mond-Triplizität. Die zweite Periode wird in Taghoroskopen von dem nachtbetonten Triplizitätsherrscher der Sonne-Triplizität oder in einem Nachthoroskop von dem tagbetonten Triplizitätsherrscher der Mond-Triplizität bestimmt. Die dritte Periode untersteht dem dritten oder teilhabenden Regenten.

Gemäß Bonatti umfasst jede Periode 30 Jahre und korrespondiert mit den kleineren Jahren des Saturn.[36] Die oben zitierte Passage aus Vettius Valens deutet darauf hin, dass die Länge jedes Lebensdrit-

36 Jeder Planet hat zu ihm gehörige Perioden, eine kleinere, eine mittlere und eine größere. Die kleinere Periode ist ein Wiederkehrzyklus, ein Zeitabschnitt, der sich zwischen zwei Konjunktionen eines Planeten mit der Sonne auf dem gleichen Tierkreisgrad in einem Zeichen erstreckt. Die Mindestanforderung ist, dass sich die Wiederkehr im gleichen Zeichen befindet. Der Ursprung der größeren Perioden ist ungeklärt, aber sie sind vergleichbar mit der Anzahl der Grade, die jeder Planet in seinen Grenzen hat, abgesehen von Sonne und Mond. Der größere Zyklus der Sonne umfasst 120 Jahre. Man nimmt an, dass dies den größtmöglichen Halbbogen der Sonne in der bewohnten Welt darstellt. Die größere Periode des Mondes war 108 Jahre, was der Sonnenperiode abzüglich 12 Grad entspricht – genau jene Distanz, die der Mond sich nach Neumond von der Sonne entfernt haben muss, bevor er wieder bei Sonnenuntergang sichtbar wird. Die mittleren Jahre sind

tels entweder von den kleineren Jahren[37] des betreffenden Triplizitätsherrschers abhängig ist oder aber von der Zeit der Aufsteigung des Zeichens, das dieser Planet besetzt. Derzeit wissen wir nichts Näheres darüber, wie Valens deren Gebrauch bestimmt hätte.

In jedem Fall hängt die Verfassung des Geborenen in jedem Lebensdrittel von den Aspekten, der Hausstellung und anderen kosmischen Faktoren des Triplizitätsherrschers ab. Auf der Nebenseite sehen wir ein knappes, aber sehr illustratives Beispiel dieser Methode von Masha'allah.

das Mittel zwischen den größeren und den kleineren Jahren. In der nachfolgenden Tabelle sehen wir die Planetenjahre gemäß den meisten antiken und mittelalterlichen Autoren:

Planet	niedrige	mittlere	hohe
Sonne	19	69,5	120
Mond	25	66,5	108
Merkur	20	48	76
Venus	8	45	82
Mars	15	40,5	66
Jupiter	12	45,5	79
Saturn	30	43,5	57

37 Dies ist wahrscheinlich die periodische Wiederkehr in Valens Text.

Eine Nachtgeburt:

Wassermann 25° Mond 3° Fische 4°	Steinbock 22° Capud 8°	Schütze 28° Saturn 14° Schütze 5° Glückspunkt 6°
Stier 11°		Skorpion 11°
Zwillinge 6° Zwillinge 28°	Krebs 22° Cauda 8°	Merkur 4° Jupiter 16° Waage 4° Löwe 26° Sonne 17° Mars Venus 25°

Abb. 2: Nachtgeburt

Ich untersuchte das Glück dieses Geborenen in Verbindung mit dem Herren der Triplizität des Mondes, deren erster Herr der Mars ist und dieser steht unter den Strahlen der Sonne im Geviertschein zu Saturn.

Dies ist ein Beleg für Verluste und Unglück in der ersten Zeit des Lebens, während es in der zweiten Phase jedoch auf gute Umstände hindeutet, da Venus der zweite Regent ist und zudem gut gestellt ist; und dies bedeutet, dass er im zweiten Lebensdrittel sehr viel Gutes durch Arbeit erfährt. Allerdings stehen Jupiter und Merkur im 6. Haus vom Glückspunkt aus gesehen[38]*. Dies ist ein Zeichen dafür, dass er Ehre und Ansehen genießt. Und so war es.*

38 Hier liegt ein Fehler im Originaltext vor, denn tatsächlich stehen sie im 6. Haus vom Aszendent aus und im 11. Haus vom Glückspunkt aus.

Himmelslose und Sektion

Die Himmelslose sind heutzutage am ehesten als sensitive oder arabische Punkte (engl. arabic parts) bekannt. Das griechische Wort hierfür ist *kleros,* Plural *kleroi.* Das Wort bedeutet »Los« im Sinne von Verlosung oder Zuweisung. Es ist auch synonym mit *moira,* was Los und Schicksal bedeutet. Der lateinische Ausdruck *pars* hat eine ganz ähnliche Bedeutung, während die englische Entsprechung »part« nur die ganz wörtliche der alten Bedeutungen von *kleros* umschließt. Das Adjektiv »arabisch« ist sogar noch weniger angemessen. Zwar haben die arabischen Astrologen vermutlich den Gebrauch der Himmelslose ausgedehnt, erfunden haben sie diese mit Sicherheit nicht. Die Himmelslose lassen sich bis zu den ersten astrologischen Texten zurückdatieren. Das LIBER HERMETIS, das vermutlich aus dem 3. Jh. v. Chr. stammt, enthält schon eine Vielzahl an Himmelslosen.

Die Verwirrung über den Ursprung der Lospunkte entspringt ohne Zweifel zwei Quellen. Zunächst haben die arabischen Astrologen tatsächlich sehr ausgiebigen Gebrauch von den Himmelslosen gemacht. Ptolemäus erwähnt jedoch lediglich den Glückspunkt. Die abendländischen Astrologen späterer Generationen waren der Auffassung, dass alles, was sich in Sachen Astrologie nicht bei Ptolemäus finden ließ, von den Arabern »hinzugefügt« wurde. Deswegen wurden die Himmelslose als arabisch bezeichnet und meistens fallen gelassen, obwohl eine Vielzahl der somit den Arabern zugeschriebenen Faktoren in Wirklichkeit griechischen Ursprungs waren.[39]

Es liegt aber nicht in meiner Absicht, hier in eine längere Diskussion über die Himmelslose einzusteigen. Wir wollen vielmehr die Beziehung zwischen Himmelslosen und Sektion untersuchen.

Das Grundprinzip der Himmelslose und ihre Beziehung zur Sektion ist ziemlich einfach. Alle Himmelslose sind Punkte nach der Gleichung H = A + B - C, wobei H der Länge des Himmelsloses, B und C der Länge von Planeten oder ähnlichen Punkten entsprechen. A ist entweder der Aszendent oder ein anderer Kardinalpunkt des Horoskops. Die zentrale Idee dabei ist folgende: Wenn man den Bogen von A nach B gemessen in der Ordnung der Tierkreiszeichen berechnet, und diesen Bogen von Punkt A hinzufügt, dann erhält man den Punkt H (das Himmelslos). Der Bogen von C zu B wird gemessen, indem man B – C rechnet, was die Formel H = A + B – C ergibt.

Die spannende Frage ist jedoch, welcher Planet B und welcher Planet C entspricht. Eine Untersuchung der antiken Texte ergab eindeutig, dass C meistens der Planet ist, welcher in Einklang mit der Sektion des Horoskops steht, während B derjenige Planet war, der mit der Sektion weniger gut harmonierte. Wenn es sich also um ein Taghoroskop handelt und ein Planet tagbetont ist und der andere nachtbetont, dann wird das Himmelslos aus diesen beiden Planeten so zusammengestellt, dass der erstgenannte Planet C sein wird (der Planet, der den Bogen eröffnet) und der andere Planet B (der Planet, der den Bogen abschließt). Handelt es sich um ein Nachthoroskop, dann ist der nachtbetonte Planet auf Position C und der tagbetonte auf Position B. In den folgenden Abschnitten gehen wir näher auf die Formeln für die Himmelslose ein. Wenden wir uns zunächst Paulus Alexandrinus zu:

39 Tatsächlich findet sich sogar in Gadburys Text, der erst im 17. Jh. verfasst wurde, ein Dutzend dieser Himmelslose, aber man gewinnt den Eindruck, dass er nicht wusste, was er damit anfangen sollte.

Bezeichnung	Taggeburt	Nachtgeburt
Glückspunkt (⊗) ☽	AC + ☽ – ☉	AC + ☉ – ☽
Geistpunkt (ϕ) ☉	AC + ☉ – ☽	AC + ☽ – ☉
Eros ♀	AC + ♀ – ϕ	AC + ϕ – ♀
Bedürftigkeit ☿	AC + ⊗ – ☿	AC + ☿ – ⊗
Mut ♂	AC + ⊗ – ♂	AC + ♂ – ⊗
Ruhm ♃	AC + ♃ – ϕ	AC + ϕ – ♃
Vergeltung ♄	AC + ⊗ – ♄	AC + ♄ – ⊗

Tab. 3: Himmelslose

Paulus beschreibt dies auf folgende Weise:

Es ist passend, dass die Lose dies als ihren Ursprung haben, denn von Natur aus hat der Mond mit dem Glück zu tun; die Sonne mit dem Geist; Aphrodite (d.i. Venus) mit dem Eros; der Stern des Hermes (d.i. Merkur) mit der Notlage; das Los des Ares (d.i. Mars) mit Mut; das Los des Zeus (d.i. Jupiter) mit Sieg; das Los des Saturn mit Vergeltung. Der Horoskopos (d.i. der Aszendent) agiert als ein Vermittlungsrichter dieser und wird zur Basis für den gesamten Kosmos.

Das Los des Glücks bezeichnet alles, was mit dem Körper zu tun hat und was man im Lauf des Lebens unternimmt. Es zeigt Besitz, Reputation und Privilegien an.

Der Lospunkt des Geistes ist der Herr der Seele, des Temperaments, der Aufmerksamkeit und aller Kraft; manchmal kooperiert er auch bei der Bestimmung dessen, was man tut.

Der Lospunkt des Eros (Liebe) bezeichnet das Begehren und die Begierden. Er trägt auch zu Freundschaft und gegenseitiger Gunst bei.

Das Los der Notlage bezeichnet Beschränkung, Unterwürfigkeit, Kämpfe und Kriege und erwirkt Feindseligkeit, Hass,

Verdammung sowie alle anderen restriktiven Dinge, die den Menschen als Ergebnis seiner Geburt befallen können.

Der Lospunkt für Mut ist eine beitragende Ursache für Kühnheit, Verrat, Macht und jede Schurkerei.

Der Lospunkt für Sieg ist eine beitragende Ursache für Vertrauen, gute Aussichten, Wettstreit sowie für Gesellschaft und Zusammenschluss; manchmal bringt er aber auch Strafen oder Belohnung.

Der Lospunkt für Nemesis/Vergeltung ist eine beitragende Ursache für heimliches Schicksal und alles Eiskalte, für Demonstration, Machtlosigkeit, Impotenz, Exil, Zerstörung, Kummer und die Todesart.

Bevor wir diesen Text über die Himmelslose näher analysieren, schauen wir noch weitere Himmelslose an.

In beiden Fällen handelt es sich nicht um eine vollständige Liste der Himmelslose bei diesen Autoren, aber sie sind ausreichend, damit wir uns daran einige Prinzipien verdeutlichen können. Die aufgezählten Lospunkte teilen sich in zwei Kategorien, nämlich jene, die bei Tag und bei Nacht unterschiedlich sind und jene, die bei Tag und bei Nacht gleich bleiben. Betrachten wir zunächst die sich verändernden.

Viele der Lospunkte, die Paulus beschrieben hat und die sich je nach Tag oder Nacht verändern, enthalten in ihrer Formel auch den Glückspunkt oder den Geistpunkt. Um die Sache nicht noch weiter zu komplizieren, wenden wir uns zuerst jenen Losen zu, die keine anderen Lospunkte in ihrer Formel haben und nur aus Planeten und dem Aszendent zusammengesetzt sind.

Bei Paulus wären dies der Glückspunkt, der Geistpunkt, der Punkt für Vater und der Punkt für Mutter. Drei haben etwas Gemeinsames. Bei allen Himmelslosen, abgesehen vom Geistpunkt, ist der erste Planet, welcher den Bogen beginnt, entweder eindeutig derjenige, welcher in seiner Sektion steht oder er ist derjenige, der eher zu dieser Sektion tendiert. Der andere Planet, dessen Bogen in Tierkreisrichtung gemessen wird, steht entweder gar nicht in der Sektion oder er ist weniger zugehörig als der zuvor genannte Planet. Zum Beispiel wird in einem Taghoroskop der Glückspunkt von der Sonne (einem Tagplanet)

Bezeichnung	Taggeburt	Nachtgeburt
Vater	AC + ♄ – ☉	AC + ☉ – ♄
Mutter	AC + ☽ – ♀	AC + ♀ – ☽
Geschwister	AC + ♃ – ♄	AC + ♃ – ♄
Kinder	AC + ♄ – ♃	AC + ♄ – ♃
Ehe eines Mannes	AC + ♀ – ♄	AC + ♀ – ♄
Ehe einer Frau	AC + ♄ – ♀	AC + ♄ – ♀

Tab. 4: Weitere Himmelslose nach Paulus Alexandrinus

hin zum Mond (einem Nachtplaneten) berechnet, der in einem Taghoroskop steht; bei einem Nachthoroskop ist die Reihenfolge anders herum. Beim Lospunkt für die Mutter rechnet man bei einem Taghoroskop von der Venus zum Mond oder anders herum in einem Nachthoroskop. Beide Planeten sind hierbei nachtbetont, aber die Venus hat bedeutend weniger Nachtbetonung als der Mond, der dieses Attribut am stärksten vertritt. Beim Lospunkt für den Vater rechnen wir im Taghoroskop von der Sonne zu Saturn oder umgekehrt im Nachthoroskop. Beide sind Tagplaneten, aber die Sonne ist tagbetonter als der Saturn. Lediglich der Geistpunkt ist in dieser Hinsicht anders, da er sowohl bei Tag als auch bei Nacht komplementär zum Glückspunkt steht, was bedeutet, dass er immer auf einem Bogen basiert, der gegen die Regeln der Sektion verstößt. Gibt es in der Symbolik einen erkennbaren Unterschied zwischen dem Geistpunkt und den anderen Losen in dieser Gruppe?

Ich meine ja, denn der Geistpunkt ist der einzige Lospunkt, der sich inhaltlich nicht auf eine Angelegenheit in der physischen Welt bezieht. Der materielle Besitz und die Eltern sind Wesenheiten, die man in der äußeren, umgebenden Welt be-

Bezeichnung	Taggeburt	Nachtgeburt
Schulden	AC + ♄ – ☿	AC + ♄ – ☿
Diebstahl [40]	♄ + ♂ – ☿	♄ + ☿ – ♂
Verrat	AC + ♂ – ☉	AC + ☉ – ♂
Unvermeidlicher Ort [41]	AC + ♂ – ♄	AC + ♄ – ♂

Tab. 5: Himmelslose von Vettius Valens

trachten und beobachten kann. Die Angelegenheiten, die mit dem Geistpunkt assoziiert werden, entstammen nicht der physischen Welt, sondern den psychischen oder spirituellen Welten.

Wenn wir einen Blick auf die Himmelslose bei Valens und im LIBER HERMETIS werfen, dann sehen wir drei weitere Himmelslose, die zwischen Tag und Nacht wechseln, nämlich die Punkte für Diebstahl, Verrat sowie einen Punkt, der mit dem unvermeidlichen Haus oder Ort in Verbindung steht. Diese Himmelslose basieren ebenfalls auf Bögen, die sich von einem Planeten in der exakten Sektion (oder dem, der näher zur Sektion steht) zu demjenigen Planeten erstrecken, der außerhalb oder weniger eindeutig in der Sektion steht. Auch diese drei Himmelslose stehen in Bezug zu Tatsachen, die mit der physischen oder äußeren Welt verbunden sind.

Was fällt uns auf, wenn wir nun all die anderen Himmelslose betrachten, die zwischen Tag und Nacht wechseln?[42] Bevor wir

40 Der Punkt des Sturzes im LIBER HERMETIS.
41 Dieser Punkt bezeichnet ein Haus mit besonderen Schwierigkeiten für den Geborenen. Er verweist auf Enttäuschung, Gefängnis, Verleumdung.
42 Seit der Abfassung dieses Textes haben wir noch weitere Himmelslose bei Vettius Valens gefunden, die zwischen Tag und Nacht wechseln. Dies scheint die hier vorgebrachte These zu verstärken.

diese Frage beantworten können, muss ein Punkt geklärt werden, nämlich die Sektionen des Glückspunktes und des Geistpunktes. Es gibt keine überlieferte Lehre zu diesem Themenkomplex, aber der Glückspunkt wird als ein Los des Mondes betrachtet, während der Geistpunkt als ein Los der Sonne gilt. In Werken, die in der zweiten Hälfte des Mittelalters verfasst wurden, werden diese zum Teil tatsächlich als Lospunkt des Mondes oder der Sonne benannt. Der Geistpunkt wurde von Bonatti auch als Pars Futurorum, oder »Punkt für zukünftige Dinge« bezeichnet. Darauf basierend können wir den Glückspunkt als Teil der nachtbetonten Sektion und den Geistpunkt als Mitglied der tagbetonten Sektion betrachten.

Wenn wir dies in die Überlegung einbeziehen, kommen wir zu dem Ergebnis, dass alle Himmelslose aus einem Bogen bestehen, der von einem Punkt aus gemessen wird, der mehr in der Sektion steht und zu einem anderen Punkt, der weniger in der Sektion steht. Dies scheint eine Folgewidrigkeit zu sein, wenn wir nur die Namen dieser Himmelslose in Erwägung ziehen. Wenn wir allerdings die Deutungen untersuchen, die Paulus uns gibt, dann werden wir feststellen, dass alle Himmelslose einen Bezug zu äußerlichen, weltlichen Angelegenheiten haben. Der Geistpunkt bleibt als einziges Himmelslos, das hin- und herwechselt und das auf einem Bogenmaß basiert, das in der falschen Reihenfolge der Sektion gemessen wird.

Lässt sich ein Muster erkennen, wenn wir die Lose untersuchen, welche die Sektion nicht tauschen? Ich meine schon. In der Liste von Paulus finden wir vier Himmelslose, die nicht wechseln, aber diese treten in zwei Paaren auf und zwar dergestalt, dass die beteiligten Planeten bei jeweils zwei Paaren identisch sind, aber in umgedrehter Reihenfolge – so als ob der eine der nachtbetonte Gegenspieler des anderen wäre. Bei den Himmelslosen für Geschwister bzw. Kinder gibt es keine ersichtliche Verbindung zur Sektion. Bei dem anderen Paar, nämlich bei den Himmelslosen für männliche bzw. weibliche Heirat, führt der männliche und tagbetonte Planet Saturn den Bogen für die männliche Heirat. Der weibliche und nachtbetonte Planet Venus führt den Bogen für das Himmelslos der weiblichen Heirat. Dies lässt ein ganz ähnliches Prinzip vermuten wie im Fall der wechselnden Himmelslose, welches wir folgendermaßen zusammenfassen können:

Bei Lospunkten, die die Position der beteiligte Planeten oder Punkte zwischen Tag und Nacht tauschen, wird der Bogen zwischen den beiden Planeten von demjenigen aus gemessen, der mehr in der Sektion steht, hin zu dem, der weniger in der Sektion steht. Voraussetzung ist, dass diese Lospunkte mit äußeren oder physikalischen Angelegenheiten zu tun haben. Im Fall von Himmelslosen, die nicht zwischen Tag und Nacht wechseln, vor allem wenn der Lospunkt eindeutig entweder mit der Sektion oder dem Geschlecht zu tun hat, wird der Bogen von demjenigen Planeten aus gemessen, dessen Sektion oder Geschlecht besser mit der Grundthematik des Lospunktes übereinstimmt, hin zu demjenigen Planet, der keinen oder einen geringen Bezug dazu hat. Ein ganz fundamentaler Punkt ist, dass es in der Formel $L = A + B - C$ eine wichtige Rolle spielt, in welcher Reihenfolge den Planeten die Position B oder C zugewiesen wird.

Warum aber hat Ptolemäus den Glückspunkt nicht als wechselnd zwischen Tag und Nacht definiert? Wir können es nicht mit Bestimmtheit sagen, aber Ptolemäus hat im Vergleich zu allen anderen antiken Autoren das geringste Augenmerk auf die Sektionen gelegt. Es scheint beinahe so, als ob er sich der Bedeutung der Sektionen gar nicht bewusst gewesen sei. Dieses Herunterspielen der Sektion durch Ptolemäus kann auch tendenziell der Grund dafür sein, dass diese später bagatellisiert wurde. Vor diesem Hintergrund gesehen ist es sicher überhaupt nicht mehr merkwürdig, dass er bei der Berechnung des Glückspunktes die Positionen von Sonne und Mond nicht umkehrt.

Sektion und Hyleg oder Apheta

Die nahezu wichtigste Aufgabe in der antiken Astrologie war die Berechnung eines Planeten oder Punktes, der als Apheta oder Hyleg bekannt war. Dies war der Punkt, dessen Primärdirektionen sehr viel sowohl über die Lebenslänge als auch über die grundlegende Gesundheit des Geborenen aussagten. Die folgende Passage entstammt dem dritten Buch des Ptolemäus:

Zuerst mag festgestellt werden, daß die Lebenshäuser, in welchen der Beherrscher über die Lebensdauer seinen Platz hat, sind: Der Aszendent von 5 Graden außerhalb des Horizontes bis zu den übrigen 25 darunter und das elfte Haus, das den Namen Bonus genius, der wohltätige Schutzgeist, führt, und nach rechts hin mit dem Aszendenten im Mundansextil steht. Desgleichen das Medium Coeli, welches mit dem Aszendenten im Mundanquadrat steht. Ferner das neunte Haus, dessen Name Deus, das Haus des Göttlichen ist, vom Aszendenten im Trigon entfernt. Zuletzt das dem Aszendenten gegenüberliegende siebte Haus.[43]

Bei einer Taggeburt wird die Sonne zuerst herangezogen, sofern sie in lebensverlängernden Häusern steht. Steht sie nicht in solchen, so wählt man den Mond. Kann dieser jedoch auch nicht genommen werden, so wende dich an die Planeten, die das stärkste Anrecht auf die Herrschaft haben, sofern in einer ihrer

43 Ptolemäus, TETRABIBLOS, Mössingen 2000, S. 163.

Würden die Sonne oder eine vorhergegangene Sonnen-Konjunktion mit dem Monde oder aber der Aszendent seinen Platz hat, das heißt, da wir fünf Arten der Würden haben, nimm denjenigen, welcher die Mehrzahl an Würden aufweist.

Kann jedoch auch diese Maßnahme nicht angewandt werden, so ziehe den Aszendenten heran.

Bei einer Nachtgeburt wähle zuerst den Mond, ist das nicht möglich, dann die Sonne, verbietet das ihr Stand, so wende dich an die Planeten, die bezüglich der Herrschaft die meisten Würden aufweisen, sofern nämlich der Mond in einer ihrer Würden steht, oder eine voraufgegangene Opposition mit der Sonne stattgefunden hat, oder wenn das Glücksrad sich darin aufhält. Ist jedoch kein diesbezüglicher Planet durch die Stellung zum Hyleg geeignet, so nimm, wenn der Geburt kurz vorher eine Konjunktion voraufging, den Aszendenten; ging aber eine Opposition vorauf, so wähle das Glücksrad.[44]

Sehr einfach ausgedrückt sind die Sonne in Taghoroskopen und der Mond in Nachthoroskopen die ersten Anwärter für die Apheta, also die Lichter, die in der Sektion stehen. Der nächste Kandidat ist das Licht, welches nicht in der Sektion steht. Aber dies sind nicht die einzigen Unterschiede zwischen Tag- und Nachthoroskopen bei der Berechnung des Apheta-Punktes. Falls Sonne oder Mond die Kriterien für den Apheta-Punkt nicht erfüllen, dann ist bei Taghoroskopen derjenige Planet als Nächstes an der Reihe, der die meisten Würden an der Position der Sonne, des Aszendenten und des Neumondes vor der Geburt vorweist. Bei Nachthoroskopen wird derjenige Planet verwendet, der die meisten Würden an der Position von Mond, Glückspunkt und dem Vollmond hat. Dies zeigt uns, dass der Glückspunkt tatsächlich ein lunarer, d.h. nachtbetonter Punkt ist, der in Bezug zum Aszendenten steht. Es belegt ferner, dass der Neumond tagbetonter ist, während der Vollmond eher der Nachtbetonung zugewiesen

44 Ptolemäus, TETRABIBLOS, Mössingen 2000, S. 166f.

wird.[45] Wir wissen dies auch, weil während des Vollmondes immer eine Nachtbetonung vorliegt, weil er im Hinblick auf die Sonne eine nachtbetonte Stellung einnimmt, denn er steht in Opposition.

Mit anderen Worten, die Kriterien zur Auswahl des Apheta-Punktes oder Hyleg variieren, aber sie haben eine Sache gemeinsam: Für tag- oder nachtbetonte Horoskope gelten immer unterschiedliche Kriterien.

45 Dies können wir auch aus anderen Quellen erschließen. Weiter oben haben wir den zunehmenden Mond als eher tagbetont und den abnehmenden Mond als eher nachtbetont beschrieben. Folgen wir der Logik in diesem Abschnitt, so hängt der Bezug des Mondes zu den Planeten der tag- oder nachtbetonten Sektoren davon ab, welche der beiden Phase zuletzt eingetreten war. Der Mond steht in gutem Bezug zu tagbetonten Planeten, nachdem der Neumond eingetreten ist, der ebenfalls diurnal ist. Nach dem Vollmond steht er dagegen gut zu den nachtbetonten Planeten, da dieser ebenfalls nachtbetont ist.

Sektion und Firdaria

Firdaria sind Planetenperioden, die vermutlich persischen Ursprungs sind. Die meisten der lateinischen oder arabischen Werke des Mittelalters beschreiben die Firdaria-Perioden eines jeden Planeten zusammen mit den kleineren, mittleren und größeren Perioden. Hier eine Liste der Firdaria.

	Tag			**Nacht**	
Planet	Dauer	Ende im Alter von	Planet	Dauer	Ende im Alter von
Sonne	10	10	*Mond*	9	9
Venus	8	18	*Saturn*	11	20
Merkur	13	31	*Jupiter*	12	32
Mond	9	40	*Mars*	7	39
Saturn	11	51	*Sonne*	10	49
Jupiter	12	63	*Venus*	8	57
Mars	7	70	*Merkur*	13	70
NMkn	3	73	*NMkn*	3	73
SMkn	2	75	*SMkn*	2	75

Tab. 6: Die wichtigsten Perioden der Firdaria

Die Firdaria basieren auf der absteigenden Reihenfolge der chaldäischen Reihe, also Saturn, Jupiter, Mars, Sonne, Venus, Merkur und Mond, sie beginnen jedoch nicht mit Saturn. In Taghoroskopen beginnen die Firdaria mit der Sonne, in Nachthoroskopen mit dem Mond. Wir können hier nicht den Gebrauch der Firdaria bis ins letzte Detail besprechen. Aber so viel sei gesagt: Jeder Planetenherrscher regiert das Leben des Geborenen ab dem Ende der Periode des vorhergehenden Herrschers bis zum Ende seiner eigenen Periode. Die Abfolge der Herrscher in Tag- und Nachthoroskopen legt jedoch nahe, dass die grundlegende Entfaltung eines Geburtsbildes sich vermutlich unterscheidet, je nachdem ob dieses tagbetont oder nachtbetont ist. Das Licht der Sektion des Horoskops ist in beiden Fällen der Herrscher der ersten Periode. Das Einzige, was die beiden Spalten der Herrscher gemeinsam haben, ist, dass die letzten beiden Perioden jeder Folge dem nördlichen bzw. südlichen Mondknoten zugewiesen werden. Diese wechseln nicht bei Tag- oder Nachthoroskopen.

Dies waren die verschiedenen Faktoren, die durch die Polarität Tag-Nacht der Horoskope betroffen sind. Nun werden wir uns mit Beispielen befassen.

Horoskopbeispiele

Beispiel 1: Adolf Hitler

Wir betrachten die einzelnen Planeten der Reihe nach und untersuchen ihre Sektionen.

Die Sonne steht über dem Horizont, so dass wir ein Taghoroskop haben und sie ist definitionsgemäß tagbetont platziert. Da sie im Stier steht, ist sie nicht in einem Zeichen, das ihrer eigenen Sektion entspricht. Dies bedeutet für die Platzierung in der Sektion kein ernsthaftes Problem, obwohl in der Astrologie des Mittelalters das 7. Haus für die Sonne nicht unbedingt als die idealste Stellung galt. Moderne Astrologen würden vermutlich sagen, dass dies mit der Analogie des 7. Hauses zur Waage zusammenhängt. Tatsächlich hatte es aber mehr mit der Vorstellung vom Sonnenuntergang und von dem sterbenden Tag zu tun. Im dritten Buch seiner TETRABIBLOS deutet Ptolemäus die primäre Direktion der Apetha zum Deszendenten (oder Dysis) als einen Hinweis auf den Tod.

Der Mond steht im Steinbock zwar im Exil und damit ungünstig, aber er befindet sich in einem Taghoroskop unter dem Horizont, folglich hat er eine nachtbetonte Platzierung in einem Nachtzeichen. Im Hinblick auf die Sektion hat er also die beste Stellung inne. Dennoch lassen sich auch einige Probleme erkennen. Es ist ein abnehmender Mond. Der abnehmende Mond ist eher nachtbetont als der zunehmende Mond und ist am besten gestellt, wenn er in Bezug zu einem Nachtplaneten steht. Unglücklicherweise ist

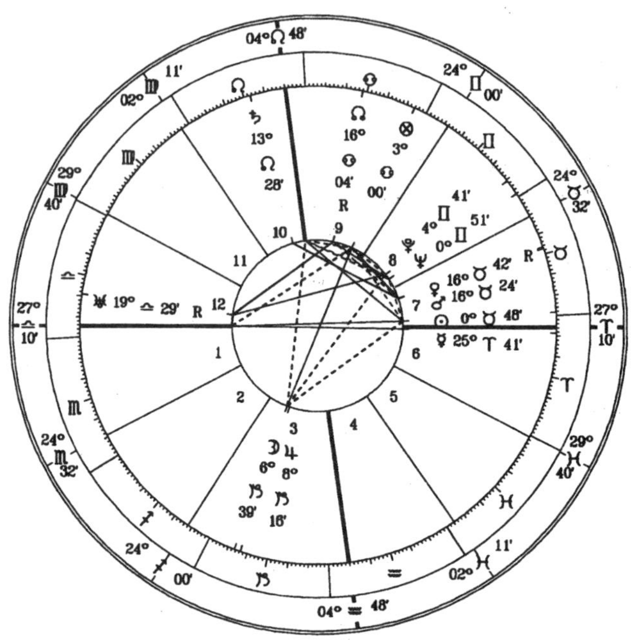

Abb. 3: Adolf Hitler[46]

seine stärkste Verbindung in diesem Horoskop eine Konjunktion zu Jupiter – einem Tagplaneten, der nachtbetont platziert ist in einem Nachtzeichen. Jupiter steht überdies im Steinbock, dem Zeichen seines Falls. Dies ist für den Mond nicht besonders günstig.

Auch wenn es nicht in unmittelbarem Bezug zur Sektion an sich steht, so wird doch angenommen, dass der Mond im 3. Haus in seiner Freude[47] ist. Tatsächlich wurde das 3. Haus

46 Die Blackwell Database gibt folgendes Datum an: 20. April 1889, 18:30 LMT in Braunau am Inn (Österreich). Das vorliegende Horoskop wurde 18:40:24 CET berechnet, was eine Differenz von 2min 32 sec ergibt.

47 Nach der klassischen Tradition haben die antiken Planeten in einem Haus jeweils ihre »Freude«. Siehe hierzu: Erik van Slooten, Klassische Horoskopdeutung, Tübingen 2005, Seite 18f.

als das Haus der Mondgöttin bezeichnet, was nahe legt, dass der Mond hier gut gestellt ist. Ein Beleg hierfür ist sicher, dass Hitler ein hervorragender Redner war. Diese Problempunkte deuten darauf hin, dass wir es hier nicht mit einer üblichen »günstigen« Mond/Jupiter-Konjunktion zu tun haben.

Merkur geht in diesem Horoskop kurz vor der Sonne unter, was aber auch bedeutet, dass er vor der Sonne aufsteigt, folglich Morgenstern ist und damit tagbetont. Demnach ist er in einem Taghoroskop und in einem Tagzeichen. Da er sich aber unter dem Horizont befindet, während die Sonne über dem Horizont steht, bedeutet dies, dass er nachtbetont steht. Wie schon beschrieben, sind Merkur und Venus selten perfekt platziert im Hinblick auf die Sektion. Beide sind ja immer nahe bei der Sonne. Steht Merkur als Morgenstern gemeinsam mit der Sonne über dem Horizont, dann kann er dementsprechend in seiner Sektion platziert sein. Als Abendstern ist er aber in der Regel fast immer ungünstig platziert für die Sektion, denn er ist dann in der Nähe der Sonne und beinahe immer tagbetont positioniert. Lediglich nach Sonnenuntergang, wenn die Sonne zwar schon unter dem Horizont steht, Merkur aber noch darüber und zugleich in einem Nachtzeichen ist, kann Merkur, was die nachtbetonte Sektion anbelangt, richtig gut gestellt sein. Ferner scheint es – wie schon erwähnt – wenig Auswirkungen auf Merkur zu haben, ob er in oder außerhalb der Sektion steht.

Venus ist hier tagbetont platziert in einem Taghoroskop, jedoch in einem Nachtzeichen. Sie ist ein Abendstern. Die ersten beiden Punkte tragen nicht gerade zur Stärkung der Venus bei. Die Tatsache, dass Venus im Stier steht, ist eindeutig hilfreich, aber Venus ist obendrein auch rückläufig, was generell als eine Schwäche angesehen wurde, aber nicht im Sinne unseres heutigen Verständnisses. Dazu kommt noch, dass Venus unter die Strahlen der Sonne eintritt. Dies bedeutet, dass die Venus zu dem Zeitpunkt, wenn die Sonne weit genug untergegangen ist, um aufgrund der Dunkelheit die Sichtbarkeit überhaupt zu ermöglichen, ebenfalls untergehen muss. Auch wenn dieses Verschwinden in den Strahlen, der heliakische Untergang der Venus, nicht unmittelbar mit der Sektion zu tun hat, so wurde dies von den Griechen doch als Schwäche angesehen.

Venus als Abendstern wurde in der Antike als ein günstiger Zustand betrachtet. Aber wie schon erwähnt, traf dies nur dann zu, wenn der Abendstern sich in Übereinstimmung mit den männlichen Erwartungen des Weiblichen verhielt. Venus steht als Abendstern im eigenen Zeichen Stier, ist ansonsten aber nicht besonders gut gestellt. Dies könnte ein Hinweis auf Hitlers traditionelles Frauenbild sein mit einer Vorliebe für feminine Frauen, die besonders ausgeprägt unterwürfig waren. Die zwei wichtigsten Frauen in seinem Leben außer seiner Mutter waren seine Nichte Geli Raubel und Eva Braun. Die eine brachte sich um, vermutlich um seinen Gefühlen zu entkommen. Die andere beging mit ihm zusammen Selbstmord in einem Berliner Bunker. Venus steht im 7. Haus und ist zugleich Herrscherin des 8. Hauses.

Mars ist ein Nachtplanet, aber auf einer tagbetonten Position in einem Taghoroskop und zugleich in einem nachtbetonten Tierkreiszeichen. Unglücklicherweise ist ausgerechnet Stier dieses nachtbetonte Zeichen, in dem der Mars auch noch im Exil steht. Mars geht ebenfalls in den Strahlen der Sonne unter. Sowohl Mars als auch die Venus bilden ein Quadrat zum Saturn im 10. Haus, eine Tatsache, auf die wir nochmals zu sprechen kommen, wenn wir die Winkelbeziehungen in diesem Horoskop näher anschauen. Mars steht mehr oder weniger ganz außerhalb seiner eigenen Sektion. Dies ist kein günstig platzierter Mars!

Jupiter ist ein Tagplanet, der nachtbetont platziert in einem Nachtzeichen steht, aber in einem Taghoroskop. Deswegen ist er nicht vollkommen günstig im Hinblick auf die Sektion. Ferner steht er im Fall, wie schon erwähnt. Jupiter wird in diesem Horoskop wahrscheinlich nicht in dem hohen Ausmaß funktionieren, wie er es bei einer besseren Stellung könnte.

Saturn ist hier ein Tagplanet, der tagbetont in einem Tagzeichen steht. Saturn steht in Hayiz. Dies ist die höchste Stufe, die ein Planet in Übereinstimmung mit seiner Sektion erreichen kann. Dementsprechend müsste Saturn sich nach Ansicht der antiken Astrologen auf äußerst positive Weise äußern. Allerdings steht Saturn im Löwen, dem Zeichen seines Exils. Wir haben uns noch nicht mit der Thematik befasst, welche Auswirkungen es gibt, wenn ein Planet im Exil steht, aber die Qualität der Energie des Planeten (Energie im weitesten Sinne) wird sicher beeinträchtigt. Es dürfte also den positiv verstärkenden Qualitäten dieses Planeten, der vollkommen in der Sektion steht, entgegenarbeiten. Jedoch bewirkt die Tatsache, dass ein Planet in der Sektion steht, dass seine Auswirkungen erheblich stärker sind. Dies zeigt also einen sehr starken Saturn, stark auf quantitative Weise, was günstig genug ist, um Saturn nicht als Hinderungsgrund für den eigenen Erfolg zu erleben (wenigstens anfänglich); aber er ist nicht so günstig gestellt, wie es ein Saturn in der Sektion erwarten lassen würde. Bei näherem Hinsehen entdecken wir noch weitere Problempunkte bei diesem Saturn, die aber nicht unmittelbar mit unserer Fragestellung zu tun haben.

Allerdings hat die Stärke des Saturn durch die Sektion auch eine erhebliche Auswirkung auf seine Quadrate zu Venus und Mars. Venus und Mars sind beide verhältnismäßig schwächer gestellt als Saturn. Im Konflikt zwischen den verschiedenen Planetenkräften setzt sich Saturn gegen Venus und Mars durch, da beide Nachtplaneten in einem Taghoroskop sind. Wir wissen zu wenig über die tatsächlichen Auswirkungen der Sektion, um sagen zu können, dass dies immer so ist, aber man kann es auf der Basis unseres derzeitigen Kenntnisstandes annehmen.

Die modernen Planeten werden wir nicht im einzelnen hinsichtlich der Sektion diskutieren, da wir kein Wissen über das Verhältnis der neuen Planeten in dieser Unterteilung haben. Aber so wie wir uns hier einem Verständnis der Sektion und ihrer Auswirkungen annähern, werden wir auch die modernen Planeten in diesem Zusammenhang zu verstehen lernen.

Ich möchte nicht den Eindruck erwecken, dass die Sektion nur beim Anführer des Zweiten Weltkrieges funktioniert. Ich meine aber, dass dieses Horoskop die Folgen der Stellung der Sektion sehr deutlich repräsentiert.

Beispiel 2: Eleanor Roosevelt[48]

Die Sonne steht über dem Horizont im 10. Haus, und dies ergibt folglich ein Taghoroskop. Außerdem steht sie in einem Tagzeichen. Merkwürdigerweise weist das Horoskop von Eleanor Roosevelt ähnlich wie bei Hitler einen Planeten im Exil auf, der zugleich in Hayiz steht. Die Auswirkungen sind die gleichen. Die Sonne in der Waage wird in ihrer essentiellen Natur verändert. Sie wird genötigt, sich mehr mit den Angelegenheiten der Waage – Vereinbarung und Kompromiss – auseinanderzusetzen, als mit dem eigenen prunkvollen, solaren Selbst. Aber dadurch, dass sie in Hayiz steht, sind die Auswirkungen verhältnismäßig stark und dies kann ebenso dazu dienen, den an sich schon gegebenen Konflikt zwischen der Sonne und Waage abzumildern und erlaubt es der Sonne somit, in der Waage leichter zu wirken. Sicher hat sich Eleanor Roosevelt dadurch einen Namen gemacht, dass sie sich mit sozialen Angelegenheiten beschäftigt hat, die ihre persönlichen Ziele übertroffen haben. Sie hat sich kompromisslos für Fälle eingesetzt, die sie ihr ganzes Leben lang unbeliebt gemacht haben. Nach dem Tod ihres Mannes wurde sie die Repräsentantin der USA bei den Vereinten Nationen, wo noch mehr konventionelle Waagefähigkeiten ins Spiel kamen. Ferner sollten wir zur Kenntnis nehmen, dass die Sonne im Trigon zu Saturn steht, der ebenfalls im Hayiz ist. Außerdem

48 Das Geburtsdaten stammt aus der Sammlung Blackwell: 11.Oktober 1884, 11h EST, New York City (40N45, 73W57). Diese Angabe wurde laut Joan Negus aus dem Familienstammbuch entnommen, siehe GEOCOSMIC RESEARCH, Herbst 1981.

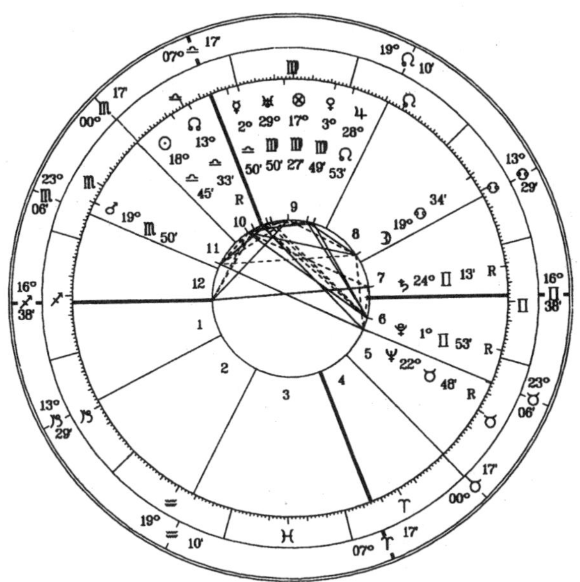

Abb. 4: Eleanor Roosevelt

herrscht Saturn über die Waage durch die Erhöhung und die Triplizität. Dies ist eine äußerst wirksame Kombination!

Der Mond: Seltsamerweise hatten sowohl Eleanor als auch Franklin den Mond im Krebs. Aber Franklins Mond ist in Hayiz, Eleanors Mond ist dagegen nicht so günstig platziert. Ihr Mond ist tagbetont in einem Taghoroskop, aber in einem nachtbetonten Zeichen. Nur die Zeichenstellung unterstützt die Sektion des Mondes, obwohl man bei einem Krebsmond mehr Beistand erwarten könnte. Der Mond bildet ein Trigon zum Mars, der auch überwiegend nicht in der Sektion steht. Außerdem bildet der Mond ein Quadrat zur Sonne, die in Hayiz ist. Die Sonne übernimmt bei dieser Interaktion vermutlich den stärkeren Part, obwohl der Mond im eigenen Zeichen steht und die Sonne durch das Zeichen geschwächt ist. Der Mond steht außerdem im 8. Haus (nach den GOH Koch-Häusern. Bei Placidus-Häusern steht er am Ende des 7. Hauses), was der Tradition nach nicht die optimalste Hausstellung bedeutet. Dies alles scheint dennoch eine positive Seite zu haben, einen Zusammenhang mit größeren Transformationen, was sowohl auf ihre Beziehung zu Franklin zutrifft, als auch auf die Veränderungen im Rahmen des New Deal[49] sowie ihren eigenen Arbeitseifer.

Merkur ist der aufgehende Morgenstern, der vor der Sonne aufsteigt und deswegen in der tagbetonten Sektion ist. Er befindet in der Waage, einem tagbetonten Zeichen. Deswegen befindet er sich ebenfalls in Hayiz, ähnlich wie die Sonne. Er scheint außerdem auch peregrin zu sein, da seine Stellung keine essentielle Würde empfängt, abgesehen davon, dass er über die Luft-Triplizität bei Nacht herrscht. Aber hier handelt es sich um ein Taghoroskop. Gibt es etwas, was diese Stellung entschärft? Ja, es gibt etwas ganz Offensichtliches, auch in den Begriffen der modernen Astrologie. Merkur und Venus stehen in gegenseitiger Rezeption zueinander. Dabei kommt Merkur etwas besser weg, denn in der Jungfrau ist die Venus im Fall, was die Würde, welche Venus aus der gegenseitigen Rezeption erhält, beinahe wieder aufhebt.[50] Das Nettoergebnis ist, dass Merkur in Eleanors Horoskop gemessen an allen Kriterien, exzellent gestellt ist. Wenigstens wenn wir die Kriterien von Ptolemäus berücksichtigen, wozu ich neige, wenigstens im Hinblick auf die Angelegenheiten des 9. Hauses.

Das Problem ist darin zu suchen, dass die alte Astrologie zwei verschiedene Standpunkte vertrat bezüglich auf das 9. Hauses. Für die meisten antiken Astrologen[51] war es in erster Linie ein

49 Anm. d. Übers.: Dies war das damals gängige Schlagwort für die Wirtschafts- und Sozialpolitik von FDR.

50 Venus steht auch in der eigenen Triplizität. Mehr dazu im nächsten Abschnitt.

51 Siehe hierzu vor allem Vettius Valens, Buch III, Kapitel 1 oder Abu'Ali Al-Khayyat, The Judgement of Nativities (Tempe AZ, 1988) und Masha'allah, Book of Nativities, in dem das 9. Haus fast ausschließlich als fallend und unbedeutend für den Hyleg oder Apheta angesehen wird.

fallendes Haus und deswegen schwach. Aber Ptolemäus (und vermutlich vor ihm auch andere) vertraten einen anderen Standpunkt. Er sah das 9. Haus vor allem als über dem Horizont stehend und hielt es daher für stark. Außerdem aspektierte das 9. Haus das 1. Haus mit einem Trigon. Diese Auffassung wurde vermutlich zur vorherrschenden Deutung bis in unsere Zeit, denn bis dato wird es als ein starkes Haus betrachtet. Auf jeden Fall aber steht Merkur so weit am Ende des 9. Hauses, dass er effektiv eine Konjunktion mit dem Medium Coeli hat.

Zudem bildet Merkur ein Trigon zu Pluto, dessen Dispositor er außerdem noch ist. Dies deutet auf ein sehr starkes Bedürfnis hin, andere durch Kommunikation und Sprache zu transformieren, etwas was in ihrem Leben ganz offensichtlich der Fall war. Merkur ist sowohl durch die essentielle Würde (gegenseitige Rezeption) als auch durch die akzidentiellen Würden[52] einer der stärksten Einflüsse in diesem Horoskop.

Venus ist, wie schon angedeutet, nicht so günstig gestellt wie Merkur. Sie steht im Domizil und in einer gegenseitigen Rezeption mit Merkur sowie in ihrer eignen Triplizität, aber leider auch im Fall in der Jungfrau. Das Gesamtergebnis ist etwas stärkend, aber nicht sehr spürbar. Sie ist ein Morgenstern, der sie in die Nähe der Kategorie der Kriegsgöttinnen rückt. Sie hat fast das Maximum ihrer Elongation erreicht und wurde erst kurz vor der Geburt direktläufig. Dies gilt bei vielen alten Autoritäten als eine akzidentielle Würde. Allerdings ist sie weit außerhalb der Sektion. Nur dem Zeichen nach ist sie in Sektion, denn Jungfrau ist ein Nachtzeichen. Ansonsten ist sie tagbetont, platziert in einem Taghoroskop. Außerdem bildet sie ein Quadrat mit Pluto. Alles dies dient zur Erklärung, warum ihre Ehe mit Franklin nicht besonders glücklich gewesen sein dürfte, jedenfalls gemessen an traditionellen Kriterien. Venus ist ein Planet, den die Tatsache, nicht in Sektion zu stehen, keineswegs

52 Siehe hierzu: Morin de Villefrache – Astrologia Gallica, Buch XXI, 2. Auflage, Tübingen 2006.

schwächer macht. Diese Venus wirkt jedoch auf eine Weise, die nicht unbedingt in Einklang mit ihrer traditionellen Funktion steht, was nicht negativ gemeint ist. Dies ist jedenfalls der geeignetere Weg, um sich ein Bild von Eleanor Roosevelts Venus zu machen, als einfach zu sagen, dies sei eine »schlecht gestellte« oder schwache Venus.

Mars steht nach arabischen Kriterien in der Gegenstellung zum Hayiz. Nach den Regeln der Griechen steht er durch das Zeichen in der Sektion. Ferner befindet er sich in seinem eigenen Domizil und – wenn wir das System des Ptolemäus anwenden – in seiner eigenen Triplizität. (In einem anderen System, das von Dorotheus und den Arabern vertreten wurde, herrscht Venus über die Wasserzeichen bei Tag). Aber dieser Mars steht tagbetont in einem Taghoroskop, was nahe legt, dass dieser seine negativen Seiten herauskehrt. Er steht auch in der Opposition zu Neptun, der gemäß den Erfahrungen der modernen Astrologie auch nicht gerade einen stärkenden Faktor für Mars darstellt. Grundsätzlich haben wir hier einen Mars, der sehr authentisch ist, da er in seinem eigenen Zeichen steht, d.h. dieser Mars ist wahrlich ein Mars, – aber eben ein Mars, dem durch das Horoskop wenig Möglichkeiten zur freien Entfaltung eingeräumt wird (er steht außerhalb der Sektion). Zudem befindet er sich in der Nähe der Spitze des 12. Hauses.

Dies kann jedoch durchaus zu einem gutartigen Resultat geführt haben. In den Horoskopen von Frauen kommt Mars oft durch die Männer zum Ausdruck, was meines Erachtens besonders dann gegeben ist, wenn Mars eindeutig außerhalb der Sektion steht. Franklin D. Roosevelt war selbstverständlich der wichtigste Mann in ihrem Leben. Dieser war auf seine eigene Weise ein sehr starker Mann (Mars im Skorpion), aber er war auch behindert und es ist ohne Zweifel eine Tatsache, dass die Fürsorge für Franklin, nachdem er an Polio erkrankt war, der Hauptgrund war, der beide zusammenhielt. Dies wird durch die Opposition des Mars zu Neptun in der Nähe der Achse 6. Haus/12. Haus widergespiegelt.

Jupiter – Noch ein Planet in Hayiz! Er steht tagbetont in einem Taghoroskop und in einem Tagzeichen. Außerdem bildet er eine Konjunktion zu dem Königsstern Regulus. Und er ist als Herrscher des Aszendenten im 9. Haus. Ob man das 9. Haus mit dem Schützen gleichsetzt, wie es moderne Astrologen gewohnt sind, oder auch nicht, es ist jedenfalls klar, dass eine große Sympathie vorliegt zwischen Jupiter und dem 9 Haus. Jupiter bildet auch ein Sextil zum Saturn in den Zwillingen, der seinerseits auch in Hayiz steht. Dies macht einen etwas abgeschwächten Einfluss auf Jupiter geltend und übergibt ihn Saturns bester Seite (obwohl Saturns Rückläufigkeit als kleine Einschränkung gilt). Dies alles verweist deutlich auf Eleanors breitgefächerte Interessen und einen Verstand, der von einem offenen Gesamtbild geprägt wird. Oft genug kreisten ihre Unstimmigkeiten mit Franklin darum, dass er die praktische politische Seite betonte, während sie den Nachdruck auf soziale Prinzipien legte.

Saturn steht wie schon erwähnt in Hayiz, ebenso ist er in seiner eigenen Triplizität und in der Nähe einer Hauptachse. Sein eigentliches Problem ist lediglich, dass er rückläufig ist. Wie schon angesprochen, bildet er auch ein Trigon zur Sonne. Alle diese Punkte legen nahe, dass die Ehe der beiden auszuhalten, aber nicht sonderlich glücklich war, also eine Verbindung, die nur aus pragmatischen Gründen überdauerte, die gleichzeitig aber auch die Karriere beider Partner unterstützt und sich zu einer großen Freundschaft entwickelt hat. Es gab jedoch wenig romantische Elemente – eine klassische Saturn-Beziehung eben. Das schon erwähnte Jupitersextil verbessert aus der Sicht des 7. Hauses die Ehe, wiederum ohne viel Romantik, dafür aber vielmehr durch eine Verbindung hinsichtlich der Philosophie und der Weltanschauung.

Das Bemerkenswerteste an diesem Horoskop sind die vielen Planeten im Hayiz, nämlich Merkur, Sonne, Jupiter und Saturn. Dies spiegelt sich wider in der hohen Stellung und den außerordentlichen Erfolgen, die Eleanor in ihrem Leben erreichte. Zwar ist es zutreffend, dass Sie nicht annähernd den Platz in der Geschichte zugewiesen erhielt, den ihr Gatte innehatte, es ist aber auch wahr, dass sie als Frau viel größere Hindernisse überwinden musste, was sie in den meisten Fälle auch zustande brachte. Man fragt sich angesichts der Männerwelt, in der sie aufwuchs, was sie erreicht hätte, wenn sie mit diesem Horoskop in ihrer Zeit als Mann gelebt hätte, oder wenn sie in einer Welt aufgewachsen wäre, die die Talente der Frauen mehr respektiert hätte.

Beispiel 3: Bill Clinton[53]

Sonne: In Clintons Horoskop ragt eine Sonne in Hayiz heraus. Diese steht über dem Horizont im Löwen, einem Tagzeichen. Ferner steht sie in ihrem Domizil und in ihrer Triplizität; er hat also eine sehr starke Sonne. Die einzige Unzulänglichkeit ist, dass sie sich im 11. Haus befindet und nicht im 10. Haus. Wie wir bei der Betrachtung des Saturn noch sehen werden, geht diese Sonnenstellung einen langen Weg, um die Situation Saturns in diesem Horoskop zu mildern. Ferner steht sie in einem Sextil zum Jupiter, was wir nachher eingehend untersuchen werden. Auf ihr Quadrat zum Mond kommen wir gleich zu sprechen.

Der Mond steht in der Erhöhung im Stier im 8. Haus. Außerdem bildet er ein Quadrat mit der Sonne. Dies könnte für die doch irgendwie schwierige Ehe mit Hillary verantwortlich sein, aber auch für die Behauptungen, die in Bezug auf andere Frauen auftauchten. Der Mond ist aber auch ganz außerhalb der Sektion, wenn man von der Zeichenstellung absieht. Dies alles legt nahe, dass der Mond und das, was er symbolisiert, dem Wesen nach sehr stark ist, d.h. das Weibliche ist sehr weiblich

53 19. August 1946, 8:51, CST, Hope, Arkansas 33N40, 9W35. Die Daten stammen angeblich von seiner Geburtsurkunde.

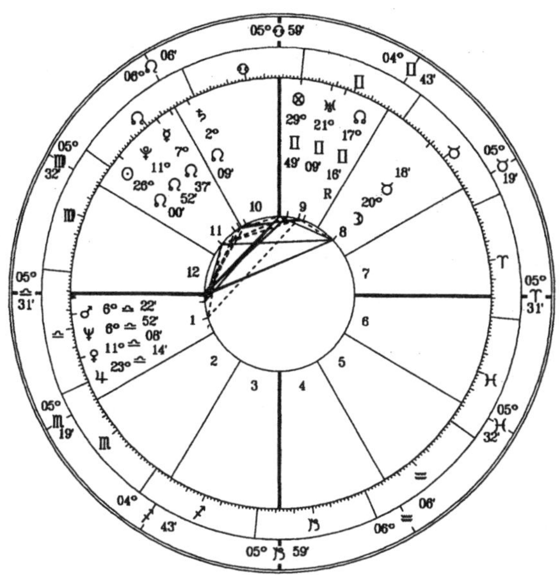

Abb.: Bill Clinton

und das Lunare sehr lunar. Aber diese Energie in seinem Leben auszudrücken ist für ihn nicht einfach, geschweige denn überhaupt von Vorteil. Anders gesagt, Frauen könnten in seinem Leben eine erhebliche Quelle für Schwierigkeiten sein. Außerdem steht das abgeleitete 8. Haus für das Geld des Partners (das 2. Haus vom 7. Haus), was ein Hinweis auf die Whitewater Affäre sein könnte. Der Mond ist der Herrscher des MC, da er im Krebs in seinem Domizil steht, was nahe legt, dass das Quadrat des Mondes zur Sonne zu einer Gefahr für seine Karriere werden könnte. Falls Sie sich fragen, wie er mit diesen Konstellationen überhaupt Präsident werden konnte, so erhalten wir die Antwort, sobald wir den Almuten für das Medium Coeli berechnen. Es ist Jupiter, was wir weiter unten diskutieren werden.

Merkur ist Morgenstern und deswegen tagbetont. Er ist tagbetont in einem Taghoroskop und in einem Tagzeichen. Er steht im Hayiz. Merkur steht in seinen eigenen Grenzen[54], was verhindert, dass er peregrin ist und was ihm gemäßigte essentielle Würden verleiht. Merkur steht im Sextil zu der Planetenballung aus Mars, Neptun und Venus im 1. Haus. Aber in Bezug auf seine Würden ist Merkur recht stark gestellt in diesem Horoskop. Für einen Politiker ist dies angemessen. Es gibt jedoch auch ein Problem mit Merkur. Er steht kurz vor seinem heliakischen Untergang und wird demnächst in den Morgenstrahlen der Sonne abtauchen. Von den antiken Astrologen wurde dies als eine sehr ernst zu nehmende Schwäche angesehen. Er ist aber immerhin fast 19° von der Sonne entfernt und hat deren Strahlen noch nicht erreicht.

Venus steht aufgrund der essentiellen Würden unter vorzügliche Bedingungen. Sie ist in ihrem eigenen Zeichen. In puncto Sektion ist sie allerdings als ein Nachtplanet in einem Taghoroskop und in einem Tagzeichen. Jedoch befindet sie sich unter dem Horizont, ein Zustand, den Nachtplaneten in einem Taghoroskop sehr schätzen; somit ist sie nicht voll und ganz außerhalb der Sektion. Venus ist der Abendstern kurz vor dem Erreichen der größten Elongation. Hier haben wir es mit der weiblichen Venus zu tun im Gegensatz zu der kriegerischen Venus Morgenstern. Auch wenn die Venus etwas außerhalb der Sektion steht, so sind Venus und Mond, die beiden wichtigsten weiblichen Planeten, doch auf sehr feminine Weise präsent. Könnte es sein, dass Clinton sehr traditionelle Erwartungen bezüglich der Rolle der Frau hat?

Mars: Dieser nachtbetonte Planet ist hier in einem Taghoroskop in einem Tagzeichen. Er steht knapp unter dem Horizont und im Exil sowie in Konjunktion zu Neptun und Venus. Er bildet auch ein Sextil zu Merkur, wodurch der Mars etwas stabilisiert wird, aber es bleibt eine schwierige Position für Mars. Das Geburtsbild unterstützt kein glattes Funktionieren für den

54 Vgl. Anm. 19.

am stärksten gestellten Planeten, was man von jedem Planeten in Verbindung mit dem Aszendenten erwarten wird. Dies könnte sehr gut erklären, warum Clinton Schwierigkeiten hat, entschlossen, selbstsicher und als Führungspersönlichkeit aufzutreten. Dies ist eine ganz kritische Planetenstellung in diesem Horoskop.

Jupiter ist ein Tagplanet in einem Tagzeichen, aber er steht unter dem Horizont. Deswegen ist Jupiter nicht ganz vollkommen in Sektion, aber er spielt dennoch eine sehr kreative Rolle in diesem Horoskop. Er steht im 1. Haus und bildet ein Sextil zur Sonne. Grundsätzlich ist dies in jedem Fall ein günstiges Anzeichen, aber diese Stellung hat noch eine weiterreichende Bedeutung. Jupiter ist in Krebs in der Erhöhung und dadurch der Herrscher des MC. Das MC in Krebs steht auch in den Grenzen des Jupiter, wenn wir das System des Ptolemäus anwenden. Dadurch wird Jupiter der Almuten oder Herrscher des MC. Während der Mond also Gefahren für die Karriere symbolisiert, bezeichnet Jupiter als Herrscher des MC, der zudem ein Sextil zu einer Sonne in guten Würden bildet, die Wahrscheinlichkeit, dass man Kariere machen wird. Jupiter steht in seinen eigenen Facies[55], was etwas zu seiner essentiellen Würde beiträgt. Es gibt noch andere Faktoren, die Jupiters essentielle Positionierung verbessern, aber diese darzulegen würde den Rahmen hier sprengen.

Saturn ist besonders interessant. Clintons Saturn ist ein Stück weit ähnlich gestellt wie der von Hitler. Damit möchte ich nicht andeuten, dass es zwischen diesen beiden Männern wirklich einen Vergleich gibt. Die eigentlich interessante Frage ist vielmehr, warum sie so verschieden sind. Clintons Saturn steht auch im Hayiz, allerdings ganz am Ende des 10. Hauses und weit weg vom MC und er befindet sich im Exil, so dass alles, was wir weiter oben über Hitlers Saturn und seine Würden

55 *Facies* ist der lateinische Begriff für Dekanat, manchmal auch eingedeutscht »Gesichter«.

gesagt haben auch auf Clintons Saturn passt. Der Hauptunterschied ist allerdings, dass die Sonne, die über Saturn herrscht, in guten Würden und bestens platziert steht, was auf Hitlers Saturnherrscher nicht zutrifft. Clintons Saturn ist auch ganz gut aspektiert und es gibt noch weitere Unterschiede.

Das Endergebnis des bisher Gesagten ist, dass bei Clinton drei Planeten in Hayiz sind und mehrere auch in guten essentiellen Würden, auch wenn nur die Sonne beides gleichzeitig aufweist.

Bei den bisherigen Beispielen haben wir Horoskope betrachtet, bei denen einer oder mehrere Planeten in Hayiz waren, und dadurch die Auswirkungen auf die Planeten gezeigt, die exakt in Sektion stehen. Manchmal gibt es aber auch Planeten, die vollkommen außerhalb der Sektion sind, ein Zustand, für den es in der traditionellen Literatur keinen speziellen Ausdruck gibt. Es ist eine Art Gegen-Hayiz, ein Begriff, den ich aber nicht unbedingt dafür vorschlagen möchte. Man hat einen Nachtplaneten in einem Taghoroskop, der zudem tagbetont in einem Tagzeichen steht. Oder umgedreht: Ein Tagplanet steht in einem Nachthoroskop nachtbetont in einem Nachtzeichen. Bei allen bisher besprochenen Beispielen hatten wir einen Planeten, der sich völlig außerhalb der Sektion befand. Es gab immer wenigstens einen der drei genannten Faktoren, mit dem sich der Planet im Einklang befand, sei es durch die Sektion des Horoskops, die Position oder das Zeichen. Und es war ganz typisch, dass es oft das Zeichen war - der schwächste der drei potentiell unterstützenden Faktoren. Nun wenden wir uns Horoskopen zu, bei denen einer der wichtigen Faktoren ganz *ex conditione* steht.

Beispiel 4: Richard M. Nixon[56]

Die Sonne Nixons steht unter dem Horizont, so dass es sich also um ein Nachthoroskop handelt, und seine Sonne ist nicht in der Sektion. Sie steht zudem im Steinbock, einem Nachtzeichen. Somit ist die Sonne der erste Planet *ex conditione*. Allerdings ist dies eine recht gängige Stellung. Man muss lediglich bei Nacht geboren werden mit der Sonne in einem weiblichen bzw. nachtbetonten Zeichen. Dies besagt, dass die Sonne ex conditione kein so enorm schwächender Faktor sein kann. Wir wissen aber bereits von Sonne, Mond und der Sektion, dass eine Sonne ex conditione den Schwerpunkt auf den Mond legt, die Königin der Nacht, auch bekannt als lunare Sektion. Jeder arabische oder lateinische schreibende Astrologe würde darauf hinweisen, dass der Quadrant zwischen Deszendent und IC (die Häuser vier, fünf und sechs) ein männlicher (aber nicht zwangsläufig ein tagbetonter) Quadrant ist. In der mittelalterlichen Terminologie ausgedrückt heißt dies, die Sonne kann zwar *ex conditione* sein, sie ist damit aber nicht vollkommen von ihrer Ähnlichkeit entfernt. Dies könnte auch ein günstiger Gesichtspunkt sein. Allerdings widerstrebt es mir, daraus zu schließen, dass die Sonne völlig ex conditione und ohne jede Ähnlichkeit an sich schon ein ernstes Problem darstellen sollte.

Der Mond steht hier in einem Nachthoroskop und folglich auch ganz ausgezeichnet in seiner Sektion. Er steht aber hinsichtlich der beiden anderen Bedingungen ganz und gar außerhalb der Sektion. Er befindet sich in der gleichen Hemisphäre wie die Sonne, d.h. in anderen Worten, er ist tagbetont in dem Tagzeichen Wassermann. Aber beide Lichter stehen in Zeichen, in denen Saturn herrscht, folglich dürfte der Zustand des Saturn in diesem Horoskop von großer Bedeutung sein.

Merkur ist Morgenstern, der vor der Sonne aufgeht, das heißt er

56 Blackwell Data Base: 9. Januar 1913, 21:35 PST in Fullerton Township, CA (33N52, 117W50), aufgezeichnet vom Kindermädchen Nixons.

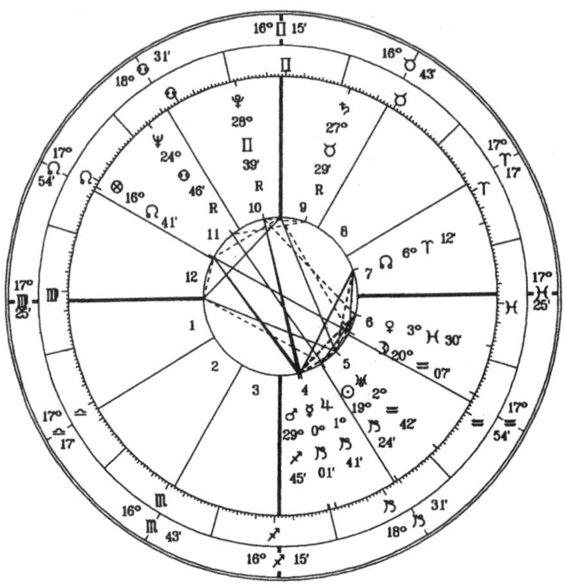

Abb. 5: Richard Nixon

ist tagbetont. Er ist in einer tagbetonten Position, weil er nahe bei der Sonne steht, was bei Merkur ja immer der Fall ist, allerdings hier in einem Nachthoroskop in einem nachtbetonten Zeichen. Ich gehe nicht so weit zu sagen, dass dies der Grund für seine Schwierigkeiten war. Die Tatsache, dass Merkur in Konjunktion zu Mars und Jupiter steht, zudem auch in Opposition zu Pluto, ist ein viel eindeutigerer Hinweis sowohl auf Stärken, als auch auf Problembereiche. Merkurs Befindlichkeit in der Sektion scheint kein entscheidender Faktor für das Wirken Merkurs zu sein, da er keine inhärente Qualität besitzt[57], so dass er keine Spannung zwischen seinen inneren Qualitäten und denen der Umgebung schaffen kann.

57 Im technischen Wortsinn. Sicher hat Merkur Eigenschaften. Aber »Qualität« bedeutet in diesem Zusammenhang eine der Qualitäten heiß, kalt, nass oder trocken.

Venus steht in den Fischen, dem Zeichen ihrer Erhöhung. Sie ist ein Nachtplanet in einen Nachthoroskop und in einem nachtbetonten Zeichen. Sie steht allerdings in einer tagbetonten Position, was sowohl bei Venus als auch bei Merkur meistens so ist, weil beide so nahe bei der Sonne stehen. Sie befindet sich ferner in ihrer weiblichsten Position, der Phase der Liebesgöttin. Abgesehen von der Sektion ihrer Stellung ist die Venus ziemlich gut gestellt. Sie steht sogar im Sextil zu Jupiter, dem Herrscher ihres Zeichens, was ihr weitere Würden verleiht.

Mars und Saturn sind die beiden Planeten, deren Bedingungen bezüglich der Sektion besonders kritisch sind. Wenn ein Planet *ex conditione* Auslöser für Schwierigkeiten sein könnte, dann wären die beiden genannten Planeten die besten Kandidaten. Aber Mars ist insgesamt nicht ganz so schlecht gestellt. Er ist ein Nachtplanet in einem Nachthoroskop. Dadurch wird Mars eher zum Symbol für den erhabenen Kämpfer als für den Zerstörer. Er steht in einem männlichen Zeichen, aber dies führt uns lediglich wieder zu der Fragestellung, ob Mars männliche oder weibliche Zeichen bevorzugt. Mars ist aber auch in einer tagbetonten Position, z.B. steht er in der gleichen Hemisphäre wie die Sonne. Er befindet sich also in einem Zustand gemischter Sektion.

Jupiter ist ein Tagplanet in einem Nachthoroskop und in einem Nachtzeichen, allerdings auch tagbetont gestellt. Er befindet sich auch in dem Zeichen seines Falls. So gesehen ist er in diesem Horoskop nicht besonders günstig positioniert.

Saturn, jetzt ist es soweit! Saturn ist ein Tagplanet in einem Nachthoroskop, in einem Nachtzeichen, nachtbetont in der Hemisphäre positioniert, die der Sonne gegenüberliegt. Er steht auch in einem weiblichen Quadranten, denn der Quadrant zwischen MC und Deszendent ist weiblich. Wir dürfen demnach eher die schwierigen Ausprägungen von Saturn erwarten. Aber was bedeutet dies in Nixons Fall?

Saturn steht im 9. Haus und im neunten Zeichen, zudem fallend, obwohl dies eine Form von Fall ist, welche die meisten

Astrologen des Mittelalters und der Renaissance, ebenso wie ihre zeitgenössischen Kollegen, nicht als besonders problematisch betrachten. In der Renaissance haben sich die meisten Astrologen diesbezüglich auf das 9. Haus konzentriert, das mit Reisen in Verbindung steht. Aber in der Antike und z.T. auch noch während der Renaissance, gab es als weiteren Gesichtspunkt, dass das 9. Haus dem Sonnengott zugeordnet wurde, d.h. dass die Sonne dort in der »Freude« stand. Hier ein Zitat von Firmicus Maternus (Buch III, Kapitel 2) zu Saturn im 9 Haus:

Ist allerdings (Saturn) als Nachtplanet anwesend (in diesem Haus), wird er den Zorn der Götter und den Hass der Herrscher hervorrufen, vor allem, wenn der Mond sich bei abnehmendem Licht in irgendeiner Weise auf ihn zu bewegt.

Seltsamerweise bewegt sich der Mond in diesem Horoskop *tatsächlich* auf Saturn zu, aber es ist ein zunehmender Mond. Rufen wir uns in Erinnerung, dass der zunehmende Mond stärker tagbetont ist als der abnehmende Mond. Er bringt den Tagplaneten den größten Nutzen. Dies ist also sicher ein mildernder Umstand. Allerdings ist Saturn auch der Herrscher über das Zeichen des Mondes und dieser bildet mit Saturn wiederum ein Quadrat. Das bedeutet, dass der Mond von seinem eigenen Dispositor verletzt wird. Außerdem steht Saturn im Stier, was sowohl die Erhöhung als auch die Triplizität des Mondes ist. Der Mond ist der Almuten des Saturn. Folglich bedeutet dieses Quadrat eine Verletzung der Dispositoren. Dennoch haben wir hier eine interessante Doppeldeutigkeit. Befinden sich Planeten auf irgendeine Weise in gegenseitiger Rezeption, dann verwandelt sich ein Quadrat in einen positiven Aspekt. Davon ausgenommen sind nur die Quadrate zwischen Mars und Saturn. Im vorliegenden Fall handelt es sich allerdings nicht um eine gegenseitige Rezeption, sondern um eine gemischte Rezeption. Saturn disponiert den Mond über dessen Domizil, während der Mond den Saturn über die Triplizität und die Erhöhung disponiert. Wir haben bislang keine Kenntnis davon, was die traditionellen Astrologen über diese Form der gemischten Rezeption zwischen Planeten in einem Quadrat meinen. Falls das Quadrat dadurch rückgängig gemacht wird, wäre dies eine enorme Unterstützung für Saturn. Aber wie auch immer Saturns Stärke ist, es ist eindeutig, dass gemäß der Tradition seine dunklere Seite an die Oberfläche treten dürfte. Hier eine Beschreibung zu Saturn im 9. Haus von Gauricus (Kapitel 4):

Im 9. Haus bringt er einen Menschen hervor, der nicht sehr unterwürfig ist und der ein Monarch oder Priester sein wird: er wird kein völliges Vertrauen in seine eigenen Glaubensvorstellungen haben und er wird ein Heuchler sein.

Nun gewinnen wir allmählich einen Eindruck von der Problematik, die diese Platzierung in sich birgt. Die Aussage von Maternus, *»den Zorn der Götter und den Haß der Herrscher hervorrufen«*, darf sicher nicht zu wörtlich genommen werden (wie oft bei antiken Aphorismen). Er selbst war tatsächlich nahe daran ein Herrscher zu sein. Aber der Zorn der Götter richtet sich gegen jene, die die Götter nicht anerkennen. Das Zitat von Gauricus engt dies etwas ein, obwohl er nicht zwischen Saturn in Tag- oder Nachthoroskopen unterscheidet.

Das Problem ist, dass Saturn im 9. Haus in einem Nachthoroskop auf eine Haltung der Respektlosigkeit gegenüber dem Göttlichen und auf eine Neigung zur Heuchelei hinzudeuten scheint. Die Ausführungen bei Gauricus zu dieser Thematik sind ganz typisch für Texte aus der Zeit der Renaissance. Die Botschaft lautet, dass diese Charakterzüge dem Geborenen vermutlich Schwierigkeiten bereiten werden.

Fassen wir alle diese Hinweise zusammen, dann scheint es so zu sein, dass Nixons Saturn ein Signal dafür ist, dass er von Zynismus, Skeptizismus, mangelndem Glauben an den Anstand der anderen und die Tendenz, in jeder Situation die düstere Seite zu sehen, geschädigt wurde. Dies sind durchweg negative Züge von Saturn. Und um die Gesamtsituation noch zu verschlimmern, ist Saturn der Dispositor von Nixons Sonne, Mond, Merkur, Jupiter und Uranus. Dadurch wird Saturn zu einem der wichtigsten, wenn nicht sogar zu dem wichtigsten Dispositor in Nixons Horoskop. Als solcher steht er völlig *ex conditione*.

Beispiel 5: Charles Dederick[58]

Charles Dederick ist der Begründer von Synanon. Da er und sein Leben nicht jedem bekannt sein dürfte, zitiere ich hier seine Lebensbeschreibung von Lois Rodden[59]

Als ein trockener Alkoholiker gründete er zusammen mit 15 Gleichgesinnten im Jahre 1958 ein Programm zur Rehabilitation von Drogen- und Alkoholabhängigen, die sich zu Synanon entwickelte, eine kontroverse und utopische Gemeinschaft. Tausende von Menschen durchliefen in den darauffolgenden Jahren dieses Rehabilitationsprogramm. Im Jahre 1974 wurde Synanon als Kirche anerkannt. Dederick, ein gutmütiger Despot mit unglaublichem Charisma, kaufte in Marin County eine Farm mit 1500 acres (1500x 4000qm) Land und herrschte über sein Imperium von einem millionenteuren Versteck in Arizona aus. Seine dritte Frau starb im Jahre 1977.

Ab Januar 1978 berichteten die Medien verstärkt über den massiven Erwerb von Waffen durch die Organisation und Dederick trat im März 1978 als Aufsichtsrat zurück. Strafanträge und juristische Probleme häuften sich. Im September 1978 wurde Synanon zur Zahlung einer Strafe von $ 300.000.- verurteilt. Der Anwalt, der diesen Prozess gewann, fand am 10. Oktober eine zusammengerollte Klapperschlange in seinem Briefkasten.

Eine Spezialeinheit eröffnete ein Untersuchungsverfahren gegen Dederick. Die Polizei wollte ihn am 2. Dezember 1978 verhaften und fand ihn stockbesoffen in seinem Haus in Lake Havasu vor. Er kam in das Gefängniskrankenhaus und wurde am 3. September 1980 zu fünf Jahren auf Bewährung verurteilt, erhielt eine Geldstrafe und wurde gezwungen, die Führung seines Unternehmens aufzugeben.

58 22. März 1913 um 4:20 CST, Toledo, Ohio (Standesamt, Quelle: Rodden und E. Steinbrecher)

59 Lois Rodden, Astro-Data V, Tempe 1982

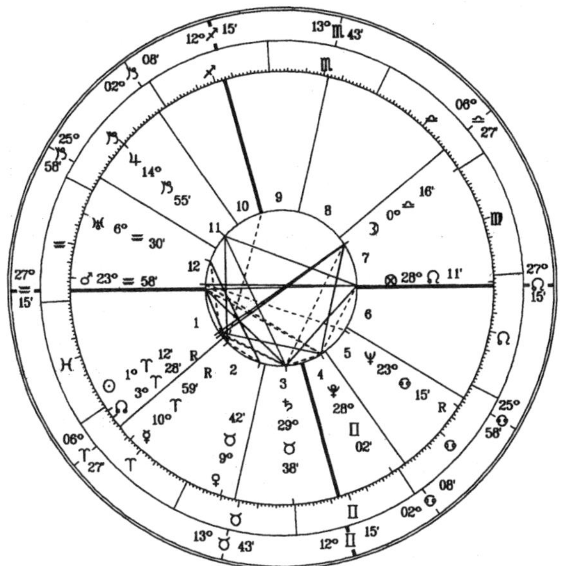

Abb. 6: Charles Dederick

Die Sonne steht in der unteren Hemisphäre, so dass es sich hier um ein Nachthoroskop handelt. Sie ist im Widder in der Erhöhung. Das wäre nicht schlecht, aber Mars bekommt dadurch eine besondere Bedeutung, denn er ist Domizilherrscher der Sonne.

Der Mond wird in Kürze zum Vollmond und steht dann auf seinem Energiehöhepunkt im Verhältnis zur Sonne. Er befindet sich nur in einer Hinsicht nicht in der Sektion, denn er ist in der Waage, einem Tagzeichen.

Merkur ist Abendstern, somit ist er nachtbetont. Insofern ist er in der Sektion, soweit es das Horoskop betrifft, aber er ist nicht in der Sektion bezüglich des Zeichens und der Stellung, was aber bei Merkur oft vorkommt.

Venus ist in der Abendsternphase und daher besonders weiblich. Sie steht auch im Stier, einem Nachtzeichen und zugleich der Erhöhung des Mondes. Sie ist tagbetont, auch eine häufige Kombination bei Venus. Aber Venus hat gute Bedingungen und sie ist auch die Herrscherin über das Domizil des Mondes. Ferner bildet sie ein Trigon mit Jupiter. All dies kann das Charisma des Horoskopeigners erklären.

Mars steht sehr günstig und ist stark positioniert. Als Nachtplanet in einem Nachthoroskop, zudem nachtbetont gestellt, ist er völlig in der Sektion. Er ist nach der arabischen Tradition in Hayiz, die erfordert, dass der Mars in einem männlichen Zeichen stehen muss, damit dies zutrifft. Allerdings steht er nicht ganz in der Sektion, wenn wir die Regel zugrunde legen, die wir für die griechische Definition halten. Aber die Stellung im 12. Haus und in der Nähe des Aszendenten ist eine energiegeladene, aber auch eine doppelsinnige Platzierung. Dies könnte die Kasernenatmosphäre erklären, die man den Trainingsstunden bei Synanon oft nachgesagt hat. Mars steht auch im Quadrat zum Saturn, dem Herrn des Aszendenten und über Mars selbst. Allerdings tritt Saturn in das nächste Zeichen ein, bevor das Quadrat zu Mars exakt wird. Darin wird eine Abschwächung der Verletzung des Mars gesehen, denn sobald das Mars/Saturn-Quadrat exakt ist, herrscht Saturn nicht mehr über das Domizil des Mars.

Jupiter ist ein Tagplanet. Er steht hier nachtbetont in einem Nachthoroskop und in einem Nachtzeichen. Er befindet sich im männlichen Quadranten, so dass er sich nicht ganz aus der Gleichartigkeit heraushält. Aber er steht vollkommen *ex conditione*. Er befindet sich gradgenau in einem Anderthalbquadrat zu Saturn, dem Herrscher über sein Domizil. Er ist nicht peregrin, weil er in seinen Grenzen steht, aber er ist im Fall. So gesehen hat Jupiter keine besonders günstigen Bedingungen in diesem Horoskop. Im 11. Haus sind neben anderen Themen auch die Organisationen angesiedelt.

Maternus sagt in Buch III, Kapitel 20, 21 Folgendes zu dieser Stellung:

Jupiter im 11. Haus des Horoskopes befindlich, bestimmt das größte Glück und lässt großen Ruhm zuteil werden. Er gewährt auch renommierte Machthaber und hohe Ämter und lässt einen das Kommando des Statthalters einnehmen, vorausgesetzt, Sonne und Venus begegnen sich in einem guten Strahl zu Jupiter, und wenn der Vollmond vom Süden fliehend sich mit Jupiter[60] *verbindet, der im Norden steht, das heißt, wenn er mit einem solchen Verlauf geboren worden wäre, wie im Zusammenhang mit dem 5. Haus beschrieben.*[61] *Aber all dies wird vermindert und in seiner Wirksamkeit zerstört, wenn Jupiter in dieser Weise in einer nachtbetonten Genitur steht.*

Nicht alle Bedingungen, die in diesem Absatz dargestellt wurden, sind auf dieses Horoskop anwendbar. Aber der Nachtcharakter des Horoskops verweist auf die Gefahr, aus der großen Höhe, die er durch seine Organisation erlangte, abzustürzen.

Saturn ist tagbetont in einem Nachthoroskop und in einem Nachtzeichen. Ferner steht er auf den letzten Graden des Tierkreiszeichens, was man nicht für besonders günstig erachtet. Gerade in diesem Zeichen steht er auch in Konjunktion zu den Plejaden, einer äußert üble Fixsternkonstellation, wenigstens gemäß der traditionellen Astrologie.

60 *se coniunxerit.* Das Verb bedeutet hier wörtlich «sich verbinden», was eine Konjunktion anzudeuten scheint. In der Astrologie der römischen Zeit wurden alle Aspekte als Konjunktionen bezeichnet, sei es *durch den Strahl* (Aspekt) oder *durch den Körper* (Konjunktionen). Deswegen können wir hier nicht mit letzter Sicherheit annehmen, dass Maternus hier nur Konjunktionen meint.

61 Nicht alle hier beschriebenen technischen Anwendungen sind eindeutig, was aber für das Verständnis unseres Zusammenhangs nicht von Bedeutung ist.

Beispiel 6: Tony Costa[62]

Ich dachte, es könnte interessant sein, auch dieses Horoskop vorzustellen, das ich aber nicht so detailliert besprechen möchte wie die vorangegangenen. Aber ich habe ein persönliches Interesse daran, denn die Ereignisse um diese Person fanden ganz in der Nähe meines Wohnortes Cape Cod statt. Ich war überrascht, dieses Horoskop in Lois Roddens Buch zu finden.

Ganz abgesehen davon illustriert dieses Beispiel sehr schön, dass ein Planet in Würde in Hayiz und auf den Hauptachsen nicht zwangsläufig günstig sein muss. Dies ist das Horoskop von Tony Costa, der eine Art Legende in Cape Cod ist, allerdings eher im unrühmlichen Sinne.

Gegen Ende der 60er Jahre hat Costa mehrere junge Frauen, die er im Großraum Provincetown (MA) traf, entführt, getötet und zerstückelt. Manche der Frauen hatten ein Zimmer in der Pension seiner Mutter gemietet und einige der Leichen hat er in deren Garten vergraben. Die anderen hat er in einem Wald bei North Truro verscharrt. Seine letzten Opfer entführte er um den 26. Januar 1969. Er wurde am 22. Mai 1970 verhaftet. Am 12. Mai 1974 hat er sich in seiner Zelle erhängt.

Das Horoskop zeigt eine Löwe-Sonne in Konjunktion mit dem MC in Hayiz. Entsprechend dem, was wir diesbezüglich in unseren bisherigen Beispielen gesehen haben, dürfte dies eine günstige Ausgangsposition sein. Selbstverständlich könnte man argumentieren, dass diese ansonsten wenig einnehmende Person zwar eine beachtliche, aber traurige Bekanntheit erlangte, dass dies aber nicht genügt, um für die Auswirkungen der Sonnenstellung verantwortlich zu sein. Was lief falsch?

Zunächst haben wir eine Sonne/Pluto-Kojunktion, was an

62 2. August 1944, 12:33 EWT, Cambridge MA (Quelle: Lois Rodden, *Astro-Data V*)

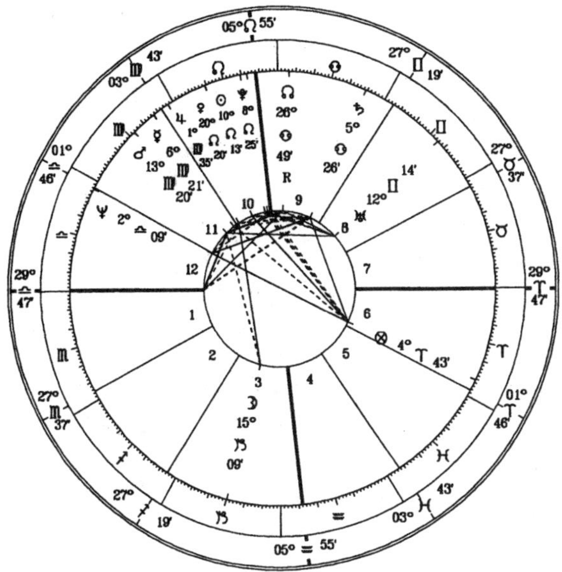

Abb. 7: Tony Costa

sich nicht vernichtend sein muss, aber ein eindeutiges Zeichen für etwas Kompliziertes und vielleicht Abartiges ist. Nehmen wir noch eine Technik aus der modernen Astrologie dazu, so steht die Sonne exakt auf der Halbsumme Mars/Saturn. Die Kombination aus Mars, Saturn, Sonne und Pluto ist charakteristisch für Mörder, besonders Massenmörder. (Zwar ist diese Konstellation typisch für Mörder. Dies bedeutet aber *nicht zwangsläufig*, dass der damit Geborene auch ein Mörder ist. Es kann auch auf einen Mensch mit einem enormen Willen, Hartnäckigkeit und Entschlossenheit hindeuten, wenn auch mit sehr viel Skrupellosigkeit. Zudem stehen Sonne, Pluto und MC mitten in der Fixsternkonstellation Krebs nahe bei Praesepe und Ascelli, zwei Fixsternen mit einer äußerst schlechten Reputation. Im Jahre 1944 befand sich Praesepe auf 6°24' Löwe, der nördliche Ascelli auf 6°46' Löwe und der südliche Ascelli auf

7°57' Löwe. Robson schreibt in seinem Buch *Fixsterne* dazu: *»wenn kulminierend: Schande und Ruin, oftmals gewaltsamer Tod.«* Stehen Sie in Konjunktion mit der Sonne (die in diesem Horoskop fast zu weit auseinander sind), dann deuten sie auf: *»Stöße, Erstechen, ernsthafte Unfälle, Erschießen, Enthaupten, Erhängen, Mörder oder Opfer eines Mordes, heftiges Fieber, Ungnade und Gefängnis.«*[63] Das sagt alles!

Eindeutig in Hayiz zu stehen wirkt nicht immer nur hervorragend. In diesem Fall war die Sonne im Hayiz mit so vielen anderen negativen Gesichtspunkten verwickelt, dass jede Kraft, die sie hatte, sich immer zum Schlechten wendete. Ganz unabhängig davon sollten Sie vorsichtig sein und nicht einfach schließen, dass Planeten im Hayiz immer günstig und Planeten *ex conditione* immer nur ungünstig sind. Wir sollten *immer* im Gedächtnis behalten, dass alle astrologischen Hinweise, aus bestimmten Gründen und in bestimmtem Kontext immer gut oder schlecht sein können. Es sind gerade diese Hintergründe und Zusammenhänge, die wir verstehen müssen, um kluge Einschätzungen vornehmen zu können, ob die Hinweise für eine bestimmte Person und unter den entsprechenden Bedingungen gut oder schlecht sind.

Zusammenfassung

Meiner Meinung nach dürfte das Verstehen der planetaren Sektion der wichtigste Deutungsansatz sein, der zwischen der griechischen und der modernen Astrologie verloren gegangen ist, oder zumindest fälschlich überliefert wurde. Außerdem passt es gut, dass diese Idee gerade in einer Zeit wieder an die Oberfläche tritt, in der den weiblichen und positiven Aspekten der Dunkelheit und der Nacht, dem Reich des Mondes, größere

63 Vivian Robson, FIXSTERNE – BEDEUTUNG UND KONSTELLATIONEN IM HOROSKOP, *München 1990, S. 128.*

Aufmerksamkeit geschenkt wird. Denn das richtige Verständnis der Sektion in der Astrologie stellt den Mond gleich mit dem solaren und tagbetonten Aspekt der Astrologie, was eindeutig überbetont wurde in der Zeit, seit die Astrologie von den Griechen zu den Arabern und dann wieder zurück in den latinisierten Westen kam.

Aber ich muss den Leser erneut warnen. Meine Abhandlung hier über die Sektion hat vollkommen vorläufigen Charakter und es sollten weitere vertiefende Studien folgen, die stärker auf praktischen Erfahrungen basieren und hoffentlich auch geprägt sind von einem tieferen Verständnis dessen, was die Alten zum Ausdruck bringen wollten.

Wird sich die Sektion als wichtig herausstellen? Ganz offensichtlich hätte ich nicht diese Schrift verfasst, wenn ich davon nicht überzeugt wäre. Aber es gibt auch Unterstützung von Kollegen. Sowohl Lee Lehmann als auch Mark Urban-Lurain haben die Lehre der Sektion auf die Daten von Gauquelin angewandt, indem sie die Tag- und Nachtgeburten in dessen Studien aufgeteilt haben. Beide haben herausgefunden, dass die Aufteilung in Tag- und Nachtgeburten die nicht zufällige Verteilung der Planeten erhöht. Ich bin durch diese Ergebnisse sehr ermutigt, denn als mir die Sektion in der antiken Astrologie erstmals begegnete, erkannte ich Folgendes: Wenn man Tag- und Nachthoroskope eindeutig unterschiedlich interpretieren muss, dann könnte dies den Großteil der bisherigen statistischen Astrologieforschung stark beeinflussen oder ungültig machen. Vor allem auch, wenn die bisher gewonnenen Forschungsergebnisse negativ waren. Einer der besten Wege, um einen Niederschlag auf die Resultate auszuschließen, wäre, zwei ganz unterschiedliche Populationen zusammenzustellen. Ein Großteil der bisherigen Forschungen müsste revidiert werden.

Teil 2:
Ganzzeichenhäuser – das älteste Häusersystem

Nach einigen Jahren der Erforschung der alten Schriften unserer astrologischen Tradition, wissen wir heute, wie das älteste Häusersystem aussah. Und in gewisser Hinsicht war es kein Häusersystem in dem Sinn, wie wir dies heutzutage verstehen. Es waren vielmehr die Tierkreiszeichen an sich, die als Häusersystem verwendet wurden. In diesem System kennzeichnet der aufsteigende Grad jenes Zeichen, in das er fällt, als das 1. Haus. Das aufsteigende Zeichen wird somit als Ganzes mit dem 1. Haus gleichgesetzt, ohne dass darauf Rücksicht genommen wird, wo der aufsteigende Grad in diesem Zeichen ist. Das nächste Zeichen wird mit dem 2. Haus gleichgesetzt, das darauffolgende Zeichen mit dem 3. Haus und so weiter. Um dies richtig zu verstehen, muss man wissen, dass tatsächlich nicht so sehr die Zeichen als Häuser verwendet wurden. Es gab eigentlich überhaupt keine Häuser, sondern die Tierkreiszeichen wurden lediglich so verwendet, wie wir heute Häuser benützen würden, ohne eine weitere Zwölfteilung des Horoskops. Daraus erwachsen mehrere wichtige Konsequenzen:

1. Wie oben dargelegt, wird das gesamte Zeichen, in welches der aufsteigende Grad fällt, mit dem 1. Haus gleichgesetzt.
2. Deswegen beginnt jedes Haus immer bei 0° eines Zeichens und endet bei 30° dieses Zeichens.
3. Der Kulminationspunkt oder die Himmelsmitte kann in das zehnte Zeichen vom Aszendent aus gerechnet fallen – muss aber nicht.
4. Es gibt keine eingeschlossenen Zeichen, da jedes ganze Zeichen mit einem Haus gleichgesetzt wird.
5. Schließlich und besonders hintergründig ist die Tatsache, dass die gesamte Häuserteilung auf der Ekliptik basiert und nicht auf einem anderen Großkreis wie Äquator, Horizont oder Erstem Vertikal, geschweige denn den noch exotischeren Methoden der Häusermanier nach Placidus.

Während einige dieses System mit Zeichen-als-Haus-System genannt haben[64], haben ich und andere dieses als Ganzzeichenhäuser-System bezeichnet.

64 Besonders in den Schriften von James Holden.

Die Bedeutung von Ort oder Topos

Im vorherigen Absatz habe ich den Terminus »Haus« im modernen Sinn verwendet. Der Leser sollte aber wissen, dass dies keineswegs der entsprechende Begriff war, den die griechischen Astrologen dafür verwendet haben – nie und nimmer. Die Griechen benützten den Begriff *topos,* was so viel bedeutet wie »Ort« oder vielleicht auch »Position«. Es ist die Wurzel unserer Begriffe »Topologie« oder »Topographie«. Im Lateinischen wurde topos mit dem Wort *locus* übersetzt. Das griechische Wort für Haus war *oikos*, das über die Latinisierung in unseren Worten »Ökonomie« oder »Ökologie« steckt. Dieses Wort wurde ausschließlich dann verwendet, wenn man von den Zeichen an sich sprach, aber auf keinen Fall, wenn die Zeichen im Verhältnis zum aufsteigenden Grad betrachtet wurden. Oikos kann auch mit »Wohnung« übersetzt werden und *oikos* wurde in erster Linie dazu verwendet, um die Zeichen als Wohnplatz der Planeten zu beschreiben. So ist z.B. Widder der *oikos* für Mars, Schütze für Jupiter und so weiter. *Oikos* wurde nie in dem heute üblichen Sinne von 1. Oikos, 2. Oikos usw. verwendet.

Im Lateinischen wurde *oikos* mit *domus* übersetzt, und dieser Begriff wurde vornehmlich auch verwendet, um ein Zeichen als Wohnplatz zu beschreiben. Erst später im Mittelalter gerieten die Bedeutungen von oikos, domus oder Haus in ihrem Gebrauch durcheinander – je nachdem ob es auf ein Haus oder ein Zeichen im Sinne des modernen Wortgebrauchs verwies. Aber selbst im ausgehenden 17. Jahrhundert ordnet Lilly den Widder als Taghaus dem Mars[65] zu. Im Deutschen wird Ort oder Feld noch heute neben dem Begriff Haus verwendet.

65 William Lilly, Christliche Astrologie: Buch 1 und Buch 2, Tübingen 2007, S. 118

Das Horoskop

Ein weiterer Begriff, den wir umfassend verstehen müssen, um die Wichtigkeit der Ganzzeichenhäuser zu begreifen, ist das Wort »Horoskop«. In der Gegenwartsastrologie, beginnend ab dem 19. Jahrhundert, bildete sich die Bedeutung heraus, dass wir damit das gesamte Horoskop meinen, aber so wurde dies ursprünglich nicht verstanden. Das Wort setzt sich zusammen aus *hora,* was Stunde bedeutet, also eine bestimmte Zeitspanne, und *skopeo,* was etwas schwieriger zu erklären ist. Die Grundbedeutung des Verbs *skopeo* ist »anschauen«, »Aufmerksamkeit schenken« oder »beobachten«. Es bedeutete auch »merken« etwa im Sinne von »denk' an meine Worte«. Das Substantiv lautet *skopos.* Bringt man beide Begriffe zusammen, dann erhält man *horoskopos*, bzw. in der latinisierten Form *horoskopus*. Die vollständige Wortbedeutung ist demnach »das, was Stunde, Zeit oder Jahreszeit kennzeichnet.« Es ist wichtig, dies richtig zu verstehen, denn wenn wir bei *hora* einfach nur an Stunde denken, dann verlieren wir einen ganz wichtigen Aspekt bezüglich der *Horoskoppunkte*. Ein Punkt des Horoskops »beobachtet« nicht die Stunde. Er bezeichnet ganz charakteristisch und signifikant eine bestimmte Zeit. Insbesondere kennzeichnet ein Horoskoppunkt das Tierkreiszeichen, in dem der erste Ort oder *topos* eines bestimmten topos-Systems steht. Bitte nehmen Sie zur Kenntnis, dass ich behutsam den Begriff »Haus« vermieden habe.

Die Kernaussage ist folgende: Zwar wurde der aufsteigende Grad als der wichtigste Punkt des Horoskops betrachtet, aber auch bei anderen Punkten nahm man an, sie seien horoskopisch. Dazu gehörten Sonne, Mond, der Glückspunkt und einige andere Himmelslose (wie die Griechen die sensitiven Punkte nannten). Moderne Astrologen werden vor allem mit Überraschung lernen, dass das Himmelslos des Glücks in der griechischen Astrologie als ein Horoskoppunkt verwendet wurde, um ein *topos* System zu markieren, das mit dem Zeichen seiner Position begann. Ferner wurde angenommen, jeder Planet, der im Zeichen des Glückspunktes stand, ein Glückspunkt sei. Das Himmelslos entsprach sowohl einem besonderen Grad als, auch dem Zeichen in dem der Grad stand.

»Orte« im Aspekt zum horoskopischen Zeichen

Es gibt etwas in der Astrologie heutzutage, was oftmals verwirrt. Wir machen häufig Aussagen wie »das 5. Haus und das 9. Haus aspektieren das 1. Haus im Trigon.« Wir sagen dies entgegen der Tatsache, dass das 5. Haus und das 9. Haus in allen modernen Systemen der Häuserteilung (auf dem Tierkreis gemessen) einen Abstand irgendwo zwischen einem Sextil und einem Anderthalbquadrat zum 1. Haus einnehmen. In höheren Breitengarden kann es sogar zwischen einem Halbsextil und einem Quinkunx variieren. Lediglich die äqualen Häusen machen eine Ausnahme, bei denen dies nicht vorkommen kann. Dies hängt damit zusammen, dass die modernen Häusersysteme (die äqualen Häuser wiederum ausgenommen) nicht auf der Ekliptik oder dem Tierkreis basieren. Sie bauen auf anderen Bezugsebenen, Kreisen oder Messsystemen auf. Wie wir aber noch sehen werden, ist die Logik hinter diesen Häuserteilungen von den Winkeln im Tierkreis abgeleitet.

Sowohl bei der griechischen als auch bei der mittelalterlichen Astrologie waren die Winkelbeziehungen eingeschränkt auf die so genannten ptolemäischen Aspekte, d.h. Konjunktion, Opposition, Trigon, Quadrat und Sextil. Und streng genommen wurde die Konjunktion nicht einmal als ein Aspekt betrachtet. Genauer gesagt, Aspekte wurden als ein Weg angesehen, um zwei Planeten miteinander zu verbinden. Man kannte zwei Arten von Konjunktion, nämlich einerseits zwei Planeten, die tatsächlich eng beieinander standen. Andererseits gab es auch

Konjunktionen durch einen Aspekt, indem man sagte, ein Planet steht in der Winkelposition des anderen. In Griechenland und im Mittelalter wurden die Aspekte und die Konjunktion in der gleichen Kategorie gehandelt. Es war mehr so, dass man Aspekte für eine Art Konjunktion hielt. Wenn ich im weiteren Verlauf auf heutige Weise von den Aspekten sprechen werde und dabei die Konjunktion mit einschließe, so ist es dennoch wichtig, die tatsächliche und ursprüngliche Beziehung zwischen Aspekten und Konjunktionen zu verstehen. Dies hängt damit zusammen, dass das lateinische Word *aspecto* und seine griechischen Vorläufer *epimartureo, martureo, theoreo* und *epitheoreo* durchweg alle die Bedeutung haben von »anblicken« oder »ansehen«. Zwei Himmelskörper, die nebeneinander stehen, können sich nicht wirklich »gegenseitig ansehen.« Deswegen konnte man sich bei der Konjunktion nicht vollständig von einem »sich-ansehen« sprechen.

Diese Logik weitet sich auch noch auf alle möglichen Faktoren aus, die direkt nebeneinander stehen. Aus diesem Grund wurden jene Zeichen, die zu beiden Seiten eines angenommenen Zeichens stehen nicht für »sich Anblickende« gehalten. Zeichen, die sechs oder acht Zeichen weiter weg stehen, wurden ebenfalls so verstanden, dass sie das erste Zeichen anblicken. Die Logik dahinter ist nicht ganz eindeutig, aber generell wurde in der antiken Astrologie angenommen, dass Zeichen und die ihnen gegenüberliegenden Zeichen eine ähnliche Charakteristik aufwiesen. Wenn also das zweite und das zwölfte Zeichen nicht auf das erste Zeichen blickten, dann blickten das achte und das sechste Zeichen ebenso wenig auf das erste Zeichen. Die logischen Zusammenhänge zwischen ersten, zweiten, sechsten, achten und zwölften Zeichen werden wir im nächsten Absatz eingehender beleuchten. An diesem Punkt der Diskussion ist es dennoch auch notwenig, darauf hinzuweisen, dass die Aspekte in der antiken Astrologie, und zwar im Westen wie auch im Osten, vornehmlich von Zeichen zu Zeichen gemessen wurden und nicht von Grad zu Grad. Angesichts dieser Tatsache und

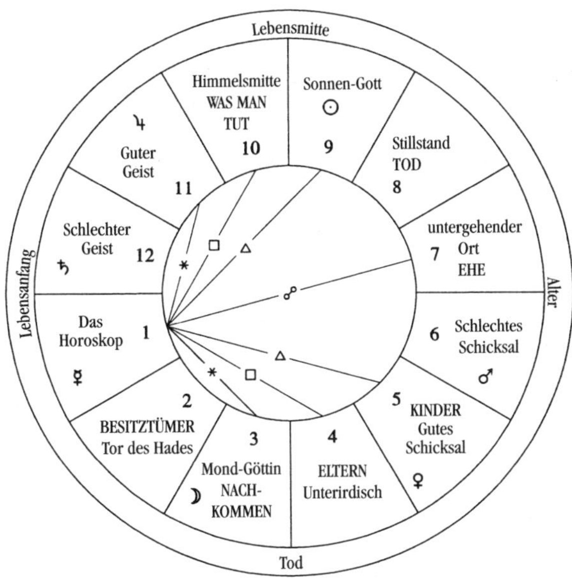

Abb 8.: Die zwölf Orte der griechischen Astrologie

aufgrund des Verhältnisses von einem Zeichen zu dem zweiten, sechsten, achten und zwölften Zeichen eliminieren wir auf einen Schlag alle kleineren Winkelverbindungen. Entweder verletzen diese die Vorschrift bezüglich der Zeichen zwei, sechs, acht und zwölf oder sie messen Winkel, die keine Vielfachen von 30° sind. Nach dem ersten Kriterium entfallen Halbsextil und Quinkunx. Nach dem zweiten Kriterium scheiden Halbquadrate, Anderthalbquadrate, Quintile, Septile usw. aus.

Schauen wir auf die Abbildung 6, welche die Aspektverhältnisse und die Bedeutung der »Häuser« zeigt, die so genannten Orte in der griechischen Astrologie, dann werden wir Folgendes feststellen: Alle Häuser, die nicht auf das erste Zeichen blicken, »das Horoskop« bzw. das aufsteigende Zeichen, haben Bedeutungen, die man als »unheilvoll« beschreiben kann. Die einzige Ausnahme bildet das zweite Zeichen, welches man mit Besitztümern assoziierte und das dadurch seine schädliche Bedeutung verloren hat. Aber behalten wir im Hinterkopf, dass es ursprünglich als die »Pforte des Hades« bezeichnet wurde. In der Hinduastrologie wird es heute noch als schlecht erachtet, eben weil es mit Besitz verknüpft ist. Dies hat vermutlich damit zu tun, dass materielle Dinge als Ursache für alles Leiden angesehen wurden.

Der entscheidende Punkt hierbei ist, dass das Vorhandensein der Aspekte zwischen Zeichen oder deren Fehlen ein ganz wichtiger Faktor war, als die Vergabe der Bedeutung der »Häuser« aufkam. In der Frühzeit der Astrologie scheint nur wenig zwischen »guten« Aspekten (Sextil, Trigon) und »schlechten« Aspekten (Quadrat, Opposition) unterschieden worden zu sein. Eine wirklich »schlechte« Verbindung nahm man nur an, wenn überhaupt gar keine Beziehung vorlag. Und selbst in späterer Zeit, als die Unterscheidung zwischen diesen beiden Arten von Aspekten schon vorgenommen wurde, galt eine fehlende Verbindung zwischen zwei Zeichen immer noch als die schlechteste Beziehung, die zwei Zeichen einnehmen konnten. In der griechischen und in der frühen arabischen Astrologie hatte das sechste Zeichen von einem beliebigen Zeichen aus gerechnet einen Bezug zu Elementen, die als schädlich und gefährlich für alles galten, was man dem ersten Zeichen zuschrieb, also z.B. Krankheit in dem Falle, dass der Körper gemeint war. Das achte Zeichen bezeichnete den Tod oder die Zerstörung dessen, was das erste Zeichen repräsentierte. Das zwölfte Zeichen kennzeichnete all das, was die Angelegenheiten des ersten Zeichens einsperrte oder heimlich gegen diese arbeitete. Diese Vorgehensweise führte zu einigen sehr interessanten Beobachtungen. Bonatti sagt in seinem *Tractatus II* zum 9. Haus, dass es *»die geheimen Feinde des Königs beschreibt, weil es das 12. Haus vom 10. Haus aus gerechnet ist. Und dies ist der Grund, warum Prälaten und andere Kleriker immer insgeheim dem König gegenüber feindlich gestimmt sind«* (siehe Abb. 9).

Die Bezeichnung für Zeichen, die keinen Aspekt zueinander haben, lautet, »dass sie nicht vereint sind«, was lateinisch *in-*

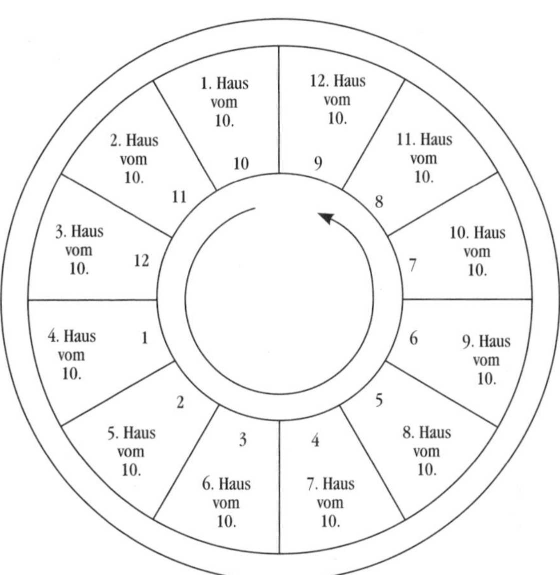

Abb. 9 : Abgeleitete Häuser – in diesem Beispiel die Ableitungen des 10. Hauses (das 12. Haus ist das 9. Haus des 10. Hauses)

conjunctus oder englisch *inconjunct* bedeutet. Wer meint, der 150°-Winkel sei ein gültiger Aspekt, sollte diesen auf keinen Fall Inkonjunkt nennen[66]. Dies ist ein Oxymoron. Der Begriff *disiunctus* wird ebenfalls benützt, was »ausschließen« oder »trennen« bedeutet. Ich verwende dieses Wort anstelle von Inkonjunkt, um Verwechslung zu vermeiden.

66 Dies ist im angelsächsichen Sprachraum ein häufig hierfür verwendeter Terminus.

Häuser an den Achsen oder »unheilvolle Aspekte«

Die Zeichen am 4. Haus, 7. Haus und am 10. Haus stellen uns in Relation zu den anderen Zeichen vor ein interessantes Problem. Wir würden die daran beteiligten Winkel als Quadrate oder Oppositionen bezeichnen. Aus diesem Grund müssten diese Zeichen gemäß der Logik der modernen Astrologie dem ersten Zeichen gegenüber feindselig sein. Aber hier scheint es eine Differenz in der Logik zu geben. Sehr früh schon erkannte man, dass diese drei Zeichen gemeinsam mit dem ersten Zeichen auf irgendeine Weise wichtiger waren als die anderen Zeichen. Man nannte sie »Achsen«, so als ob sie Drehpunkte im Horoskop wären. Das griechische Wort für Achse ist *kentron,* vom dem sich das *kendra* im Sanskrit ableitet. Die lateinische Entsprechung ist *cardo* oder als Adjektiv *cardinalis.* Ursprünglich waren die Kardinalzeichen also nicht diejenigen, die mit den Solistizien bzw. den Äquinoktien begannen. Kardinal waren vielmehr das erste, vierte, siebte und zehnte Zeichen, von dem Zeichen aus gerechnet, das einen **Horoskoppunkt** enthielt. Obwohl der Nachweis nicht vollkommen schlüssig ist, scheint es jedoch so zu sein, dass wenn ein Zeichen einen Horoskoppunkt wie den Grad des aufsteigenden Zeichens, den Glückspunkt oder den Mond (die Sonne wurde in diesem Zusammenhang eher selten benützt) enthielt, die Zeichen im Quadrat oder in Opposition so behandelt wurden, als seien sie »Achsen« vom ersten Zeichen. Enthielt das Zeichen keinen Horoskoppunkt, dann wurden die Planeten und Zeichen, die dazu Quadrate oder Oppositionen bildeten, als feindselig zu den Planeten im ersten Zeichen betrachtet – wenigstens von einigen Autoren. Allerdings scheint diese Logik der »Häuser« und Aspekte nicht durchgängig im Gebrauch gewesen zu sein.

Der Ursprung von »wohltätigen« und »schädlichen« Aspekten

Das Folgende ist ganz eindeutig bei den mittelalterlichen Autoren dokumentiert, aber die Wurzeln scheinen in der griechischen oder in noch älteren Formen der Astrologie zu liegen. Zunächst ging man grundsätzlich davon aus, dass der Tierkreis in zwei Hälften geteilt ist. Wenn wir nun in Erwägung ziehen, dass jedes der Lichter nur Aspekte in seiner Hälfte wirft, also bis zur Opposition, dann entsteht ein interessantes Muster. In Abbildung 8 umfassen die Hälfte des Zodiaks auch die Oppositionszeichen von Krebs und Löwe, also Steinbock und Wassermann, die streng genommen nicht zu den jeweiligen Hälften von Sonne oder Mond gehören. Anders als bei der Opposition werden die Aspekte der Sonne so behandelt, als ob sie sich im Tierkreis vorwärts bewegten (auch sinistere oder linke Aspekte genannt), während die Aspekte des Mondes als rückwärts bewegend angesehen wurden (und dexter oder rechte Aspekte genannt wurden). Dexter und sinister sind aber im Zusammenhang mit der Opposition bedeutungslos. Hier ein Auszug aus Bonatti, der diese Logik der Aspekte darlegt:

Es wird gesagt, dass das Sextil ein guter Aspekt ist und dass er von gemäßigter Freundschaft und Eintracht ist, aber eben nicht ganz. Er wird als gemäßigt eingeschätzt, da er von Venus und von den Lichtern empfängt, denn die Domizile der Venus aspektieren die Domizile der Lichter in einem Sextil, wie zuvor beschrieben. Und aus diesem Grund sagt man, dass dies ein Aspekt von zurückhaltender Freundschaft ist, denn Venus ist das Glück der halben, aber nicht der ganzen Stärke.

Vom Quadrat sagt man, dass es ein gemäßigt schlechter Aspekt ist, und dass es ein Aspekt gemäßigter Feindschaft und Unstimmigkeiten ist, aber nicht vollständig. Man nennt es den Aspekt der gemäßigten Feindschaft, da dies vom Mars selbst und den Lichtern ausgeht. Denn die Domizile des Mars blicken auf die Domizile der Lichter in einem Quadrat, wie vorher schon beschrieben.

Das Trigon wird ein guter Aspekt genannt und ein Aspekt der vollkommenen Freundschaft und des vollkommen Guten. Und man nennt es den Aspekt der guten Freundschaft, da es vom Jupiter und den Lichtern kommt, denn die Domizile des Jupiter aspektieren die Domizile der Lichter in einem Quadrat. Und aus diesem Grund sagt man, dass dies ein Aspekt der großen Freundschaft ist, da bei Jupiter das Glück sehr stark und perfekt ist, jenseits allen Glücks, dem es an nichts Gutem mangelt.

Aber die Opposition wird als ein schlechter Aspekt bezeichnet und sie ist der Aspekt mit der stärksten Feindschaft, der heftigsten Böswilligkeit und der größten Zwietracht. Man sagt, sie ist dieser stark negative Aspekt, weil sie von Saturn und den Lichtern kommt durch eine Opposition. Und aus diesem Grund sagt man, dass dieser Aspekt das größte Unglück verursacht, größer und stärker als alle anderen Unglücksbringer.

Wie Bonatti ausführt, aspektiert sowohl das Sextil vorwärts von der Sonne im Löwen als auch das Sextil rückwärts vom Mond im Krebs ein Zeichen der Venus. Venus ist das kleine Glück, so dass daraus folgt, dass das Sextil der Winkel der mäßigen Freundschaft ist. Das Quadrat vorwärts vom Löwen aus und rückwärts vom Krebs aus aspektiert die Zeichen des Mars. Da Mars der schwächere Übeltäter ist, ist das Quadrat der Winkel der zurückhaltenden Feindschaft. Die Trigone von Löwe und Krebs aspektieren die Zeichen Jupiters. Da Jupiter das große Glück ist, bedeutet das Trigon auch vollkommene Freundschaft. Schließlich bestrahlen die Zeichen der großen Lichter die Zeichen Saturns, nämlich Steinbock und Wassermann entweder in einer Opposition oder in einem Quinkunx. Letzteres wird nicht als ein Aspekt anerkannt. Aus diesem Grund gibt es im besten Fall zwischen den Zeichen

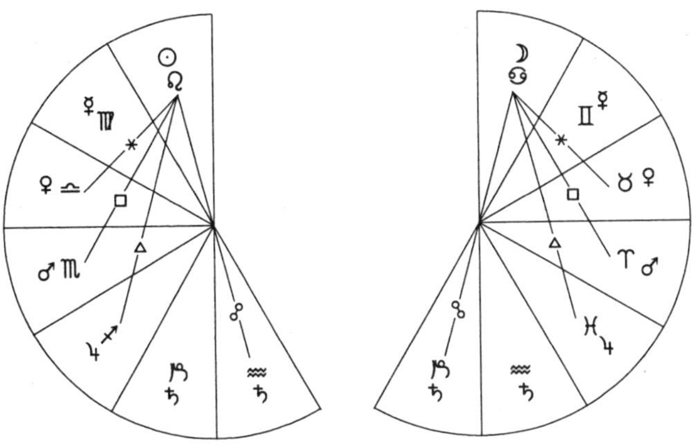

Abb. 10: Die Regenten der Aspekte

der Lichter und den Zeichen Saturns keine Verbindung, also eine Disjunktion. Im schlimmeren Fall ist es eine Opposition. Daraus ergibt sich (im Kontrast zur Meinung vieler moderner Astrologen, die das Quadrat als negativer einschätzen), da Saturn der größere Übeltäter ist, dass die Opposition der Aspekt der größten Feindschaft ist. Beachten wir dabei, dass die Zeichen Merkurs disjunkt zu Löwe und Krebs sind. Merkur wird nicht als ungünstig betrachtet, sondern ist in dieser Hinsicht neutral.

An diesem Punkt sehen wir, dass das Wechselspiel zwischen den Zeichen und ihren Herrschern, den Aspekten und dem, was später die Bedeutung der Häuser annahm, auf äußerst komplexe und verschlungene Weise verwoben ist. Ich vertrete zwar nicht die Ansicht, dass man keine Nebenaspekte verwenden sollte, dennoch wird der Leser sehen, dass die kleineren Aspekte einer Erklärung in Begriffen des hier dargestellten Rahmens bedürfen. Es ist klar, dass Kepler, als er viele der modernen Nebenwinkel wie z.B. das Quintil vorschlug, nicht dieses ganze System im Hinterkopf hatte. Es ist möglich, dass er davon keine Kenntnis hatte, oder dass er es nicht ernst genommen hatte.

Historische Entwicklung

Es herrscht keine Klarheit darüber, ob man vor der Zeit des Ptolemäus überhaupt etwas anderes als Tierkreiszeichenhäuser benutzte, um die Bereiche oder Domänen des Lebens abzuleiten, auf die der jeweilige Planet einwirkte. Es gibt allerdings Belege dafür, dass die gegenwärtig verwendeten Systeme zur Häuserteilung, bei denen der Aszendent den Beginn des 1. Hauses und das MC den Beginn des 10. Hauses markieren, für einen anderen Zweck eingesetzt wurden. Dazu kommen wir aber gleich. Die Frage ist zunächst, welches System hat Ptolemäus verwendet? Die übliche Antwort lautet, **äquale Häuser**. Einige Autoren, darunter auch Placidus, versuchten zu behaupten, dass Ptolemäus das **Halbbogen-System** verwendet hätte, das wir als das Placidianische kennen. Dies ist nicht zu rechtfertigen! Ptolemäus verwendete die Logik der Placidianischen Teilung, um Primärdirektionen zu berechnen, aber erst ab dem ausgehenden Mittelalter verband man seine Methode zur Erstellung der Primärdirektionen mit seiner Methode der Häuserteilung.

Hier die Übersetzung der Stelle, durch welche die Idee aufkam, dass Ptolemäus etwas Ähnliches wie die moderne Häusermanier verwendet habe[67]:

67 Diese und viele weitere Gesichtspunkte hinsichtlich der Häuserteilung und Ptolemäus finden sich in TETRABIBLOS BOOK III, Berkeley Springs, 1996. Siehe darin mein Vorwort S. ii und das Vorwort des Übersetzers Robert Schmidt, S. viii - xiv.

»Die Kürze seines [des Vaters] Lebens wird besonders durch die Position von Sonne und Saturn an den beiden wichtigsten Eckhäusern angedeutet, nämlich Aszendent und Medium Coeli oder in den nachfolgenden Häusern. Seine Beschwerden durch Krankheiten und Verletzungen werden angezeigt an den beiden anderen Eckhäusern, Westen und Imum Coeli, oder deren nachfolgende Häuser.«[68]

Der griechische Originaltext sagt nichts von »Häusern«. Der griechische Begriff ist das Adjektiv ‚nachfolgend' (epanaphora). Robbins übersetzt das Wort mit »nachfolgende Zeichen«, aber auch hier wird um ein Substantiv ergänzt. »Nachfolgende« ist aber das, was wirklich geschrieben steht. Wir müssen also wissen, was das implizite Substantiv sein könnte. Noch etwas später kommt eine weitere Passage, die den Bereich im Horoskop identifiziert, den man beachten sollte, wenn man sich mit den Geschwistern befasst. Wieder ein Auszug aus der Übersetzung von Ashmand:

»Der Ort, woraus man Querverbindungen in Bezug auf Brüder und Schwestern ziehen kann, muss nur dann als passend angesehen werden, wenn die Kinder von der gleichen Mutter stammen. Und es wird folglich in Übereinstimmung mit der Natur angenommen, dass dies der gleiche ist wie der Ort der Mutter, nämlich das Zeichen an der Himmelsmitte; oder bei Tag das Zeichen, in welchem Venus steht und bei Nacht der Mond.

68 Ptolemy, TETRABIBLOS, übersetzt von J. M. Ashmand, Chicago, Aries Press, 1936, S. 79. Anm. d. Übers.: Da Robert Hand speziell diese Übersetzung abhandelt, lag es nahe, nicht aus der die deutschen Ausgabe zu zitieren. Hier die entsprechende Passage (übersetzt von Erich Winkel, Mössingen 2000. S. 148): *»Stehen sie dabei jedoch in Eckpunkten oder den nachfolgenden Häusern, so künden sie den Eltern kurzes Leben oder bestimmte Krankheitsfälle. Ganz kurz wird das Leben der Eltern sein, wenn sie solchermaßen in den ersten Winkeln, also im Aszendenten oder im Medium Coeli, oder auch in den diesen nachfolgenden Häusern stehen.«*

Dieses Zeichen und das nachfolgende werden als Indikatoren für die Mutter und die Kinder, und derselbe Ort ist deswegen bestens geeignet für Brüder und Schwestern. [69]

In dieser Übersetzung haben wir einige missverständliche Formulierungen. Auch die Übersetzung von Robbins ist nicht besser. Hier seine Version der fett gedruckten Stelle:

... es ist viel natürlicher .... dies von dem kulminierenden Zeichen zu entnehmen, dem Ort der Mutter, also jenem Ort, der bei Tag die Venus und bei Nacht den Mond enthält.[70]

Alle Übersetzungen stimmen darin überein, dass der nächste Satz sich darauf bezieht, dass die »Orte« oder *topos* der Nachkommenschaft ein Tierkreiszeichen (zoidion) sind. Dies sagt uns zweierlei: Ptolemäus machte die Planeten bei bestimmten Zwecken zu Punkten im Horoskop, und zweitens benutzte er dabei Tierkreiszeichenhäuser.

Woher kam dann der Begriff äquale Häuser bei Ptolemäus? Er kommt aus dem III. Buch in dem Abschnitt, mit dem er die Berechnung des aphetischen Punktes darlegt, eines Punktes, den man dazu verwandte, um die Lebenslänge eines Geborenen zu errechnen. Hier die Passage bei Ashmand:

Die verschiedenen Orte, in denen der aphetische Punkt oder Hyleg gefunden werden kann, sind die jeweiligen Zeichen von fünf Grad über dem Horizont bis zum 25. Grad unter dem Horizont. Die 30 Grade in einem Sextil nach rechts, welche außerdem noch das 11. Haus bilden, werden der gute Dämon genannt. Auch die 30 Grade des rechten Quartils bilden die

69 ebenda S. 81, Hervorhebung von Robert Hand.

70 Ptolemy, TETRABIBLOS, übersetzt von E.E. Robbins, Cambridge, Harvard Press 1954, S. 251. Hier die Übersetzung aus der deutschen Ausgabe (Mössingen 2000, S. 151): *»... schöpft man das Urteil aus dem Zeichen des M.C. und dem mütterlichen Orte, d.h. bei Tag nimmt man die Venus, bei Nacht den Mond für die Untersuchung.«*

Himmelsmitte über der Erde. Diejenigen im rechten Trigonal formen das 9. Haus, welches Gott genannt wird. Zu guter letzt gehören die in Opposition zum Eckhaus im Westen.[71]

Diese Passage wurde nun so interpretiert, dass sie sich auf die äqualen Häuser ausgehend vom Aszendenten beziehe, mit dem kleinen Unterschied, dass sich das 1. Haus von 5° über bis zu 25° unter dem Horizont erstrecke, was entsprechend auch für die anderen Häuser gelte. Aber es gibt ein Problem. Abgesehen vom Anfang des Zitates erscheint nirgends der Begriff »Haus« oder *topos* im griechischen Originaltext. Im Original steht zum 11. Haus das Folgende:

καί τάς ταύταις ταῖς λ᾽ μοίραις δεξιὰς ἐξαγώνους (τε) (τὰς)(ταῖς)(τοὺς)(τε καὶ) τοῦ ἀγαθοῦ δαίμονος.
Kai tas tautais tais 30 moirais dexias hexagonus (te) (tas) (tais) (tous) (te kai) tau agathau daimonos …

Die Begriffe in Klammern sind die problematischen Termini. Jedes Wort ist nach Boer, der die Teubner Ausgabe der *Tetrabiblos* editierte, eine Alternative zu den anderen. Robbins favorisierte das *te*, wärend Boer *tas* bevorzugte. Das Fazit davon ist, dass es in der Wahl des Herausgebers liegt, zu interpretieren, was Ptolemäus hier eigentlich aussagte. Dies sind die zwei grundlegenden Alternativen: Eine Deutung behauptet, dass die 30 Grade, die sich rechts im Hexagon (Sextil) von dem Aszen-

71 Ptolemy, Tetrabiblos, übersetzt von Ashmand, S. 88. Die entsprechende Passage lautet in der deutsche Ausgabe S. 163: »*Der Aszendent von 5 Graden oberhalb des Horizonts bis zu den übrigen 25 darunter und das elfte Haus, das den Namen Bonus genius, der wohltätige Schutzgeist, führt, und nach rechts hin mit dem Aszendenten im Mundansextil steht. Desgleichen das Medium Coeli, welches mit dem Aszendenten im Mundanquadrat steht. Ferner das neunte Haus, dessen Name Deus, das Haus des Göttlichen ist, vom Aszendenten im Trigon entfernt. Zuletzt das dem Aszendenten gegenüberliegende siebente Haus.*

denten befinden, auch als guter Dämon oder 11. *topos* bzw. Ort bekannt sind. Die andere mögliche Deutungsvariante besagt, dass die fraglichen Grade zu jenen 30° gehören müssen, die im rechten Hexagon *und auch im 11. Feld* (d.h. dem elften Haus vom Aszendent aus gerechnet) stehen. Dank der textlichen Konfusion wissen wir nicht genau, ob diese Grade nun das 11. Haus konstituieren oder ob die in Frage kommenden Grade sowohl im 11. *topos* als auch im Sextil zu den Graden des Aszendenten sein müssen, was für Ganzzeichenhäuser sprechen würde.[72]

Schließlich müssen wir festhalten, dass wir hier bei Ptolemäus *keine Beschreibung eines Häusersystems* vorliegen haben, sondern dass wir es mit einer Darlegung der Positionen im Horoskop zu tun haben, an denen sich ein aphetischer Punkt finden lässt (also nicht in dem technischen Sinn von Ort oder Haus). An jenen Stellen, bei denen sich Ptolemäus auf die Häuser im heutigen Sinne bezieht, verwendet er entweder nur Adjektive ohne eindeutiges Substantiv, oder wir erhalten klare Referenzen auf die Zeichen des Tierkreises.

Was geschah? Zunächst gibt es ein Problem, das auch die Griechen schon erkannten, nämlich dass der Grad der Himmelsmitte nicht immer in das 10. Haus fällt, wenn man vom aufsteigenden Zeichen ausgeht. Dann haben wir eindeutige Hinweise bei Vettius Valens[73], aber auch bei anderen Quellen, dass die heute verwendeten Häuser für einen anderen Zweck herangezogen wurden, nämlich *um die Stärke und Intensität eines Planeten zu bewerten.* [74]

Wir verfahren heute immer noch so, wenn wir einen Plane-

72 Ich verweise wiederum auf Schmidts Übersetzung von Kapitel 11, S. 29-33.

73 Vettius Valens, ANTHOLOGY – BOOK III, übersetzt von Robert Schmidt, Berkeley Springs 1994, Kapitel, S. 33ff.

74 Schmidt, Vorwort zu TETRABIBLOS, Berkeley Springs, 1996. S.viii.

ten als an den Kardinalpunkten stehend beurteilen (die stärkste Stellung), oder in den nachfolgenden Häusern (etwas abgeschwächt) oder in den fallenden Häusern (die schwächste Stellung). Indem wir so vorgehen, geschieht etwas, was wir normalerweise nicht bemerken, nämlich, dass wir die Häuser für zwei unterschiedliche Zwecke einsetzen:

Erstens: Wie schon erwähnt leiten wir den Bereich oder das Lebensgebiet, das ein Planet an erster Stelle beeinflusst, von der Häuserposition ab. Zweitens: Wir beurteilen die Stärke eines Planeten durch die Häuser. Die Forschungen Gauquelins zu den Planetenstellungen in Horoskopen enthielten nur Ergebnisse für die zweite Variante. Ihre Ergebnisse sagen aber nichts zum erstgenannten Ansatz.

Früheste griechische Quellen zeigen die ursprüngliche Idee, dass es getrennte Aufgaben für Häuser oder Orte gab, die man den verschiedenen Ableitungen der Häuser zuweisen konnte. In Kapitel II, Buch III seiner ANTHOLOGIE erwähnt Vettius Valens eine Methode zur Berechnung der Häuser, die derjenigen entspricht, die man später Porphyrios zugeschrieben hat. Bei dieser Manier wird der Abstand in Graden zwischen Aszendent und Himmelsmitte in drei gleiche Abschnitte geteilt, was den 10., 11. und 12. Ort ergibt. Dann wird dasselbe mit dem Abstand zwischen Aszendent und IC vorgenommen, um den 1., 2. und 3. Ort zu erhalten. Allerdings erwähnt Vettius Valens nur die Kraft der Grade an jedem Ort; er sagt nichts über die Bedeutung, z.B. welcher Teil des Lebens jeden Ort regiert.

Dieses System wurde auch im THESAURUS des Antiochus von Athen[75] im Kapitel 64 beschrieben. Aber auch hier ist nur von der Verwendung zur Berechnung der Jahre, die mit jedem Ort assoziiert werden, die Rede und nicht von der Bedeutung. Porphyrios zitiert Antiochus in seinem Kommentar zu Ptolemäus und so wurde diese Häusermanier nach ihm benannt.

75 Atiochus von Athen, THESAURUS, übersetzt von Robert Schmidt, Golden Hind Press 1993, S. 32

Etwas später kam dann jemand auf den Gedanken, die Drittelung der Quadranten auf dem Äquator anstatt auf der Ekliptik vorzunehmen. Diese Methode wird von Rhetorius[76] ungefähr um 500 n. Chr. beschrieben, und es ist das System, das wir als Alcabitius-Häuser kennen. Aber zu dieser Zeit wurden die »Orte« nach wie vor nur dazu verwendet, die Stärke oder etwas Ähnliches festzulegen, aber nicht um die Herrschaft über bestimmte Lebensbereiche zu bezeichnen.

76 zitiert nach Neubauer und H.G. van Hoesen, Greek Horoskopes, 1959, S. 152 – 157.

Das Problem bei Julius Firmicus Maternus

Als ich diesen Beitrag erstmalig für einen Artikel in »Mountain Astrologer« schrieb, war ich der festen Überzeugung, dass es nur einen Autor vor dem Jahre 500 n. Chr. gab, der etwas anderes als die Ganzzeichenhäuser zur Beschreibung der Lebensbereiche verwendete. Dies war Julius Firmicus Maternus im 4. Jh. n. Chr., der ganz offensichtlich äquale Häuser benutzte. Als ich den Text für die vorliegende Publikation überarbeitete, überprüfte ich nochmals den lateinischen Text.

Der erste Ort ist jene Teilung, in der das Horoskop platziert ist. In diesem Ort ist das Leben und der Atem der Menschen enthalten. Von diesem Ort erlernt man das Fundament der gesamten Genitur. Dieser Ort dehnt seine Kräfte von dem Grad aus, an dem das Horoskop sich befindet, durch die verbleibenden 30 Grade [per residuas partes XXX]. Er ist darüber hinaus das erste Kardinalzeichen und verbindet das Prinzip und die Substanz der gesamten Genitur. Der zweite Ort des Horoskops ist im zweiten Zeichen platziert und nimmt seinen Anfang [initium] vom 30. Grad des Horoskops und dehnt seine Kräfte über die verbleibenden 30 Grad aus.[77]

Dieser Text ist um einiges vieldeutiger als ich ursprünglich dachte. Diese Doppeldeutigkeit kommt vor allem von dem Satz »*per residuas partes XXX*«. Jean Rhys-Bram übersetzt diese

77 Zitiert aus Julius Firmicus Maternus, Matheseos Libri VIII, Buch II, Kapitel 19.

mit »durch die nächsten 30 Grade«[78]. Stimmt ihre Übersetzung, dann wäre dies eindeutig eine Referenz an das äquale Häusersystem. Aber das lateinische Adjektive *residuus*, von mir mit »verbleibend« übersetzt, bedeutet nicht »nachfolgend«. Es bedeutet nur »verbleibend« oder »der Rest von«. Könnte es die *anderen Verbleibenden* bedeuten oder bedeutet es eher *der Rest von* den 30 Graden eines Zeichens, welche in das nächste Zeichen hineinreichen? Das lateinische Wort *initium* in Verbindung mit dem 2. Haus bedeutet »Anfang«. Dies legt nahe, dass das 2. Haus beim 30. Grad des Horoskops beginnt. Aber was ist nun der 30. Grad des Horoskops? Sind es 30° entfernt vom Horoskop, sprich dem Aszendenten, oder meint der letzte Grad des Horoskops den letzten Grad des aufsteigenden Zeichens? Horoskop kann nämlich sowohl das aufsteigende Zeichen als auch den aufsteigenden Grad bedeuten.

Leider muss ich sagen, dass der Text sehr zweideutig abgefasst ist. Aber andere Abschnitte über die Häuserbesetzungen durch Himmelslose scheinen dagegen keine äqualen Häuser nahezulegen. In Buch VI, Kapitel 32 gibt es die folgende Passage:

Will man den Ort des Vaters bekommen mit einer auf den Grad genauen Methode, und es handelt sich um eine Taggeburt, dann wird man die Zahl der Grade ausgehend von der Gradzahl der Sonne bis zum Grad des Saturn berechnen, um alle Zeichen zwischen Sonne und Saturn zu wissen. Sobald man die exakte Summe errechnet hat, beginnend von dem Grad des Horoskops, dann wird man diese Endsumme aufteilen, indem man jedem Zeichen individuell 30 Grad zuteilt. Und in welches Zeichen auch immer der letzte Grad fällt, genau dieses Zeichen enthüllt den Ort des Vaters.

Hier definiert der Text »einen Ort« ganz eindeutig als ein Zeichen und nicht einen 30°-Abschnitt. Ich möchte dazu ergänzen, dass hier keine Interpretation des lateinischen Texts vorliegt.

78 Zitiert aus Jean Rhys Bram ANCIENT ASTROLOGY – THEORY AND PRACTICE, Park Ridge 1975, S. 48-55.

Aber warum sollte Firmicus äquale Häuser für das Feld des Aszendenten verwenden, jedoch für die Stellung der Himmelslose Ganzzeichenhäuser? Falls Firmicus Ganzzeichenhäuser benützt hat, dann ist eine Sache klar: Es lag in seiner Absicht, dass die 30°-Intervalle ausgehend vom Aszendent ebenso als ein festlegender Punkt für die Häuser eingesetzt wurden wie z.B. auch zur Berechnung der Häuserherrscher oder der Himmelslose.

Die Entstehung der modernen Häusersysteme

Aus der letzten Phase der alten griechischen Tradition gegen Ende des 6. Jh. N. Chr. wurde uns der Kommentar zu einem 200 Jahre früher geschriebenen Text des Paulus Alexandrinus überliefert, der von einem gewissen Olympiodorus verfasst wurde. In dieser Schrift begegnen uns zum ersten Mal Orte, die nach der Methode Valens-Antiochus-Porphyrios berechnet wurden, die zudem für die Deutung der Planeten sowie für deren Stärke verwendet wurden. Es ist eindeutig, dass damals die beiden Verwendungsmöglichkeiten der Orte noch vermischt wurden. Erst allmählich trennten sich die Häuser von den Zeichen und entwickelten sich zu einem zweiten zwölfteiligen System zur Einteilung des Horoskops. Hier ein Zitat von Olympiodoros:

Es war wohl für den Astrologen so, dass es erhebliche Unterschiede und Zweideutigkeiten gab im Hinblick auf die Teilung der zwölf Orte. Denn sie bezeichnen den gesamten Ort als das zoidion *selbst, dessen Gradzahl wir an der aufsteigenden Stunde [dem Aszendenten] oder kulminierend finden. Aber aus der Berechnung resultieren noch andere Fehler, vor allem deswegen, weil es zwischen dem Grad, der die Stunde markiert, bis zum kulminierenden Grad nicht immer einen Abstand von 90° gibt, sondern manchmal mehr, manchmal weniger. Ist der Abstand größer, ergibt sich ein unbenutztes* zoidion, *ist er kleiner, dann ergibt sich ein unbenützter Ort. Andere Astrologen dagegen nehmen 15° zu beiden Seiten des aufsteigenden Grades und des kulminierenden Grades und beschreiben die Orte auf ähnliche Weise. Aber auch diese führen folglich zu verfälschten und seltsamen Ergebnissen.*

Aber einer der Alten, dessen Name die Zeit der Vergessenheit übergeben hat, nahm als Startpunkt das, was von dem göttlichsten Ptolemäus über die Länge des Lebens gesagt wurde. Dass man nämlich eine Stelle 5° vor dem aufsteigenden Grad nehmen muss. Diese Methode scheint besser zu sein als alle anderen, vor allem im Hinblick darauf, dass die falschen Stellungen ausbleiben.

Dies ist die Vorgehensweise: Er sagt, man muss fünf Grade, die der Himmelsmitte vorausgehen, nehmen und diese zum Beginn des kulminierenden Ortes erklären, während man gleichzeitig festhält, in welchem zoidion *und auf welchem Grad er steht. Da der Abstand zwischen dem aufsteigenden und dem kulminierenden Grad nicht immer 90 Grad ausmacht, sondern manchmal mehr oder weniger, so muss man diese nehmen, so viele Grade es auch sein mögen und den dritten Teil davon aufschreiben. Und so, beginnend mit dem Grad vor dem kulminierenden Grad, den wir als den Beginn des Ortes der Himmelsmitte angenommen haben, übergib an den gesamten Zwischenraum das Drittel des Abstandes und beobachte, was der letzte Grad ist und welcher Grad des* zoidion *es ist. Denn dies wird das Ende der Himmelsmitte sein und zugleich der Anfang des elften Ortes, das heißt des Guten Geistes.*

Abermals von diesem aus gerechnet, wird eine gleich große Gradzahl von dem Drittel des Abstandes hinzugezählt und wiederum der letzte Grad notiert. Denn dies wird das Ende des Guten Geistes sein und der Anfang des Bösen Geistes. Und ganz ähnlich wird das letzte Drittel vom zodiakalen Grad aus gezählt, der als Beginn des Ortes des Bösen Geistes gefunden wurde und wir kommen zu dem Ende des zwölften Ortes oder dem Beginn des horoskopischen Ortes. Und es ist ganz offensichtlich, dass der horoskopos *fünf Grade davor liegt und vor dem die Stunde markierenden Grad aufgeht, da wir fünf Grade vor der Himmelsmitte zum Ausgangspunkt der Gradzählung zur Umschreibung dieser drei Orte gemacht haben.*[79]

Blicken wir aber auf die ersten arabischen Autoren, so sehen wir nur das Häusersystem der ganzen Zeichen. Es ist interessant, dass uns von den frühesten Texten zur Stundenastrologie Regeln überliefert sind, die zeitgenössische Stundenastrologen auch heute noch in Bezug auf die Häuser anwenden. Aber während die meisten Astrologen heute Placidus-, Koch- oder Regiomontanus-Häuser verwenden, arbeiteten die alten Astrologen mit Ganzzeichenhäusern. In der zweiten Generation der arabischen Astrologen, die ungefähr Ende des 8. Jh. v. Chr einsetzte, verdrängten die neueren Häusersysteme die Tierkreiszeichenhäuser völlig. In der Regel war die Manier nach Rhetorius-Alcabitius im Gebrauch. Der Wechsel setzte ein mit den Kommentatoren zu Ptolemäus und ging weiter, als die Astrologen das Problem mit der Himmelsmitte in den Griff bekamen.

79 Der Text ist zum gegenwärtigen Zeitpunkt in Vorbereitung und wird bei ARHAT verlegt werden. Die Übersetzung besorgte Dorian Greenbaum. Ich zitiere aus dem Manuskript. Die Stelle findet sich im griechischen Text auf Seite 75f.

Eine moderne Lösung des Problems der Himmelsmitte

Die Hauptschwierigkeit liegt darin, dass das Medium Coeli vom Aszendenten aus gerechnet nicht immer in das 10. Haus fällt. Ich habe z.B. in meinem Horoskop Krebs als aufsteigendes Zeichen. Mein MC steht in den Fischen, was nach Zeichen gerechnet das neunte Zeichen ist. Die Grundproblematik beim Medium Coeli liegt darin, dass man von Anfang an allgemein annahm, dass Aszendent und Himmelsmitte irgendwie verknüpft sein müssten. Sie sind im Hinblick auf die Geometrie des Horoskops ganz offensichtlich verquickt. Aber man nahm an, dass wenn der Aszendent die Stellung der Orte in einer Weise festlegte, die Himmelsmitte dies ebenfalls auf eine vergleichbare Art bewirkten müsste. Abgesehen von den Verfechtern der äqualen Methode galt auch früher schon das Verfahren, dass der Aszendent die Stellung des 1. Hauses festlegte, während die Himmelsmitte die Spitze 10. Haus bestimmte und dass beide eine gewisse Rolle spielten für die Zwischenhäuser. Dadurch kam es auch zu der weitläufigen Konfusion, die bis heute in Bezug auf die Zwischenhäuser und deren Häuserspitzen vorherrscht. Dieses Problem wurde nie gelöst!

Nehmen wir einmal an, dass dieses Problem nicht existieren würde, dass es also gar nie in der Absicht der ersten Astrologen lag, ein zweites zwölfteiliges System als Ergänzung zu den Tierkreiszeichen einzurichten. Nehmen wir stattdessen an, dass die Deutung der Orte von den Tierkreiszeichen übernommen wurde und zwar entsprechend ihrer Beziehung zum aufsteigenden Zeichen oder einem anderen Tierkreiszeichen, das einen Horoskoppunkt enthielt. Das Problem, dass es einen Bezug zwischen Aszendent und Himmelsmitte zu den jeweiligen Orten gibt, wäre nie aufgekommen, wenn die Astrologen im Nahen Osten und später in Europa weiterhin die älteste Praxis beibehalten hätten und einfach die Zeichen von den unterschiedlichsten Horoskoppunkten aus gezählt hätten. Dabei wäre niemals notwendig geworden, Aszendent und Medium Coeli auf ein System abzustimmen. Wir wissen zum Beispiel, dass Orte oder Häuser vom Aszendent aus berechnet wurden, aber auch vom Glücksrad, vom Himmelslos des Vaters[80], dem Lospunkt der Mutter[81] sowie von jedem anderen Himmelslos, von dem aus es plausibel war, Ganzzeichenhäuser zu errechnen. Ja selbst bei denjenigen Himmelslosen, wo es zunächst nicht naheliegend erschien, die Häuser zu berechnen, nahm man an, dass das Himmelslos ein gesamtes Tierkreiszeichen als die Quelle für etwas ganz Bestimmtes bezeichnete. Es gab zum Beispiel den Punkt für untrennbare Krankheit, d.h. chronische Krankheiten. Die Formel lautet bei Tag: Lospunkt = Aszendent + ♂ - ♄, bei Nacht: Lospunkt = Aszendent + ♄ - ♂. Das Zeichen, in welches dieses Himmelslos fiel, galt als der Herd für die schlimmsten Krankheiten. Vettius Valens nannte ihn das Himmelslos der Anklage, denn es wurde vermutet, dass er das kennzeichnet, wofür man angeklagt wurde, sei es fälschlicherweise oder zu Recht.

Als ich das vorliegende Material bearbeitete, hatte ich einen Gedanken. Anstatt Himmelsmitte und Aszendent aneinander zu knüpfen, um dadurch eine Häuserspitze festzulegen, könn-

80 Der Vaterpunkt errechnet sich wie folgt: Bei Tag (in einem Taghoroskop): Lospunkt = AC + ♄ – ☉, bei Nacht (in einem Nachthoroskop): Lospunkt = AC + ☉ – ♄.

81 Der Mutterpunkt errechnet sich wie folgt: Bei Tag (in einem Taghoroskop): Lospunkt = AC + ☽ – ♀, bei Nacht (in einem Nachthoroskop): Lospunkt = AC + ♀ – ☽

ten wir diese jeweils für sich getrennt Häuser festlegen lassen, so als ob die Himmelsmitte ein Himmelslos wäre, ähnlich wie der Glückspunkt. Dies ist nicht exakt ohne Präzedenzfall. Die Hamburger Schule unter Alfred Witte unternahm etwas Vergleichbares. Tatsächlich arbeitet man dort gleichzeitig mit verschiedenen Häusermethoden, ähnlich wie es bei den alten Griechen üblich war. Es gibt allerdings einen Unterschied in der Hamburger Schule: Die Punkte, mit denen die Häuser festgelegt werden, können an der Stelle des 1., 10. oder 4. Hauses (nach dem herkömmlichen Horoskopaufriss) sein, je nachdem, um welches Häusersystem es sich gerade handelt. Darauf werden dann äquale Häuser errichtet, also z.B. AC-Häuser oder MC-Häuser. Die einzige Ausnahme, die uns in unserem Zusammenhang interessiert, sind die so genannten Meridian-Häuser, welche äquale Häuser sind, die entlang des Himmelsäquators gemessen werden und bei denen die Himmelsmitte als Ausgangspunkt für das 10. Haus gewählt wird. Folglich ist das 1. Haus bei diesem System nicht mit der Position des Aszendenten identisch. Bei den Meridian-Häusern der Hamburger Schule entspricht die Spitze des 1. Hauses dem äquatorialen Aszendenten (der oft fälschlich als Ostpunkt bezeichnet wird)[82].

Die alten Griechen waren konsistenter. Da in ihrer Sichtweise die Beziehung zwischen den Häusern aus einem Winkelverhältnis zwischen den Zeichen bestand, legte jeder Horoskoppunkt für sich ein 1. Haus oder einen Ort fest. Verwandte man die Himmelsmitte als einen solchen Horoskoppunkt, was z.B. bei den Lospunkten vorkam, dann legte die Himmelsmitte den ersten Ort aller Orte fest, die mit den Themen des Medium Coeli zu tun hatten. Der griechische Ausdruck für die Hauptangelegenheit des 10. Hauses ist »Aktion« oder auf griechisch *praxis*. Dies bedeutet: Das 10. Haus ist der Ort für das, was man tut, nicht nur im Sinne eines Berufes, sondern auch im Hinblick auf

82 siehe hierzu: Christoph Schubert-Weller, WEGE DER ASTROLOGIE, Mössingen 1996, S. 240ff.

die gesamte Lebensaktivität. Folglich waren die Orte, die man von der Himmelsmitte aus zählte, zugleich Orte, die in Bezug zu den eigenen Handlungen insgesamt standen.

Dies kam mir in den Sinn, als ich die Verwendung der Himmelslose erforschte und ich wurde durch die Praxis der Hamburger Schule bestätigt. Sie können sich meine Überraschung und Genugtuung vorstellen, als wir das sechste Kapitel im Buch V der ANTHOLOGIE von Vettius Valens übersetzten. Darin berichtet dieser, was geschieht, wenn die Zwillinge aufsteigen und die Himmelsmitte in den Wassermann fällt. Er stellt fest, dass Wassermann die doppelte Last zu tragen hat. Durch das MC wird der Wassermann zu einem Ort der Tat, bleibt aber dennoch der Himmelsort für das Ausland und für Gott (der griechische Begriff für den neunten Ort). Ähnlich dient Löwe am anderen Ende als Zeichen des Imum Coeli und als der dritte Ort vom Aszendenten.[83]

Nun ist dies nicht ganz exakt das Gleiche. Aber es ist vergleichbar, wenn wir die Himmelsmitte als Horoskoppunkt für ein eigenes System der Himmelsorte ansetzen. Auf alle Fälle wird dabei deutlich, dass Valens das Medium Coeli fließen lassen und unabhängig vom Aszendenten als Ausgangspunkt für die Häuser sehen wollte.

Eine der Konsequenzen aus dieser Idee ist, dass das Medium Coeli einen Bezug zum Aszendenten haben kann, so dass es an einem Ort gemessen vom Aszendenten steht. In mittleren geographischen Breiten kann die Himmelsmitte in das 9. Haus, 10. Haus oder das 11. Haus fallen. Manchmal kann es sogar im 8. Haus oder im 12. Haus vom Aszendenten aus sein, was in nördlicheren Breiten wie in Großbritannien oder Skandinavien öfter der Fall ist. Kann es sein, dass das Verhältnis zwischen Aszendent und Medium Coeli eine Ausage über das Horoskop ergibt?

83 Vettius Valens, ANTHOLOGY, BOOKS V UND VI, übersetzt von Robert Schmidt, Berkeley Springs, Golden Hind Press, 1994, S. 30.

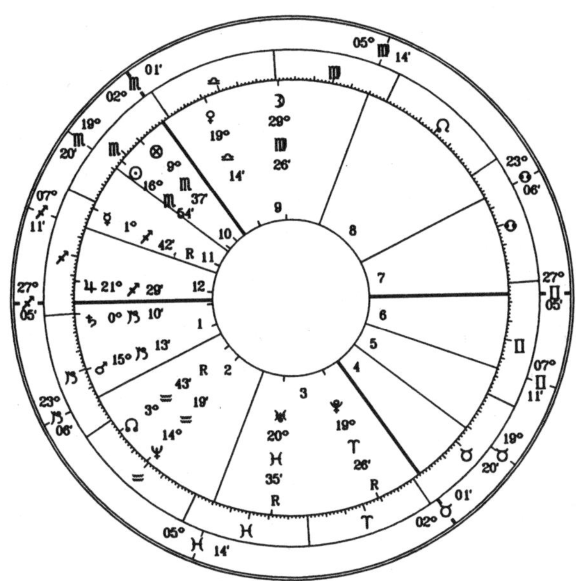

Abb. 11 Edward VII.[84]

Nehmen wir zum Beispiel das Geburtsbild von Edward VII. von England, eines der beliebtesten Horoskope unter den Astrologen Anfang des 20. Jahrhunderts. Im inneren Kreis sehen Sie GOH-Kochhäuser. Der mittlere Kreis zeigt die Tierkreiszeichen, so dass man sie auch als Orte gemessen vom aufsteigenden Zeichen ansehen kann. Damit kann man also die modernen Häuser mit den Ganzzeichenhäusern vergleichen.

Betrachten wir die Stellung des Medium Coeli. Da Edward VII. mit einem Aszendenten in den letzten Graden des aufsteigenden Zeichens geboren wurde, befindet sich der größte Teil des ersten Ortes in dem Bereich, den moderne Astrologen dem

84 Edward VII., 9. November 1841, 10:48 GMT (51N30, 00W09, Quelle: offizielle Ankündigung

12. Haus zuschreiben würden. Aber Schütze ist sein aufsteigendes Zeichen. Deswegen ist Schütze das Zeichen des ersten Ortes und der zwölfte Ort befindet sich im Skorpion. Dies ergibt, dass sein MC in den zwölften Ort fällt, wenn man vom Aszendenten aus rechnet. Folgen wir Valens, dann hat Skorpion wieder die doppelte Pflicht zu tragen, einerseits als Bereich der Aktion (da das MC hier steht), andererseits als Zeichen des zwölften Ortes (wenn man vom Aszendenten aus zählt). Dies heißt aber auch, dass das Zeichen Stier der sechste Ort vom Aszendent aus gerechnet ist, aber zugleich auch der Bereich für Familie und Vorfahren. Nun galt das 6. Haus in der alten Astrologie als das Feld der Feinde, Sklaverei und Krankheit. Ich habe Grund zu der Annahme, dass diese Bedeutung korrekt ist, obwohl der »Feind«, den das 6. Haus bezeichnet, sich von dem »Feind« des 7. Hauses unterscheidet. Der Feind im 7. Haus ist ein Gegenspieler, jemand, der sich durch den Konflikt mit dem Horoskopeigner definiert. Die Feindseligkeit kann von Konkurrenzdenken bis zu ernsthaftem Zorn reichen, aber Konkurrenz ist ein Kernthema. Der Feind im 6. Haus ist eher destruktiv um der Zerstörung willen. Das 6. Haus hat keinen Aspekt zum 1. Haus, so dass die Angelegenheiten des 6. Hauses das Leben nicht unterstützen, was eine der Schlüsselaufgaben des ersten Ortes ist. Daraus erklärt sich vermutlich, warum im 6. Haus Krankheiten angesiedelt sind, denn diese beeinträchtigen das Überleben.

Betrachten wir das Horoskop von Edward VII. aus dieser Perspektive, dann finden wir dies bestätigt, denn seine Eltern (IC) sind auch zugleich seine Feinde (sechster Ort vom Aszendent). Wer etwas über seine Beziehung zu den Eltern weiß, und zwar vor allem in den späteren Jahren zu seiner Mutter, wird bestätigen, dass dies keine Übertreibung ist. Selbstverständlich lässt auch das enge Quadrat zwischen Saturn und Mond erkennen, dass das Verhältnis zur Mutter nicht sehr gesund gewesen sein dürfte. Wenden wir uns für einen Moment der Himmelsmitte zu, so kann man sagen, seine Eltern haben das Beste getan, um ihn davon abzuhalten, auch nur im geringsten seiner korrekten beruflichen Rolle näher zu kommen. So blieb seine eigentliche Rolle (Medium Coeli) über viele Jahre hinweg verborgen (12. Haus), bis seine Mutter schließlich uralt verstarb. Ich möchte es aber nicht unterlassen, darauf hinzuweisen, dass dies nur eine von vielen Möglichkeiten ist, sich diesem Problemkreis anzunähern.

Die Ganzzeichenhäuser in heutiger Praxis

Dem modernen Astrologen mag es schwerfallen, die Methode der Ganzzeichenhäuser zu akzeptieren. Die Vorstellung, dass das ganze aufsteigende Zeichen das 1. Haus bildet und mit diesem gleichgesetzt wird, scheint aber nicht so schwer zu akzeptieren zu sein, wenn der Aszendent in die ersten Grade des Zeichens fällt und es keine Planeten im aufsteigenden Zeichen gibt, die über dem Aszendenten stehen. Wenn wir aber eine Situation haben wie in Edwards Horoskop, wo Merkur bei den Kochhäusern im 11. Feld und bei den Ganzzeichenhäusern im 1. Haus steht, ohne dass wir jetzt auch noch seinen Jupiter in Betracht ziehen, dann wird es schon schwieriger, sich damit einverstanden zu erklären. Ich kann dem Leser versichern, dass ich hier ebenfalls meine Probleme hatte. Es scheint auch so zu sein, dass in der Antike unterschieden wurde zwischen Planeten im ersten Horoskoport über bzw. unter dem Horizont. Hierzu ein Absatz aus dem LIBER HERMETIS (Kap. 26)

Die Sonne im Aszendenten in einem Taghoroskop, nicht ungünstig gestellt, vor allem wenn sie in ihrem Domizil oder der Erhöhung oder der Triplizität steht, zeigt eine Person, die von einem edlen Vater abstammt und die in ihrem eigenen Land mit Reichtümern und Besitz verherrlicht wird. Meistens werden sie überdies zu Königen, die Kosmokratoren sind, d.h. die die Welt besitzen und beherrschen. Andere wiederum werden Herzöge oder Menschen, die auf andere Weise herrschen ....

Aber die Sonne bei Nacht im Aszendenten zeigt eine Person, deren Vater arm und von niedriger Geburt ist, oder der verjagt wurde, was bedingt, dass das Leben des Geborenen mühsam und ohne Ruhm verlaufen wird.[85]

Eigenartig an diesem Textauszug ist, dass es eine Unterscheidung gibt zwischen der Sonne unter dem Horizont im aufsteigenden Zeichen und der Sonne über dem Horizont, was wir als das 12. Haus bezeichnen würden. Die Sonne unter dem Horizont im aufsteigenden Zeichen schneidet schlecht ab. Dies kommt zweifelsohne daher, dass die Sonne über dem Horizont ein Tagplanet par excellence und deswegen sehr viel energiereicher ist als wenn sie im Verborgenen steht. Diesem Unterschied zollen moderne Astrologen kaum Aufmerksamkeit. Sie befassen sich mehr mit dem Umstand, dass der Planet im 12. Haus steht.

Es gibt aber einige Grundregeln, die man befolgen muss:

1. Nach Valens hat das Medium Coeli nichts mit den Angelegenheiten des 10. Hauses zu tun, es sei denn, es steht als das zehnte Zeichen vom Aszendenten entfernt. Man sollte die Bedeutung der beiden Häuser synthetisch betrachten, also das 10. Haus in Verbindung zum Aszendenten, unabhängig davon, wo das Medium Coeli steht. Das Gleiche betrifft auch das Imum Coeli und die Angelegenheiten des 4. Hauses, egal in welches Zeichen es in Bezug zum Aszendenten fällt.
2. Häuser, die Himmelslose enthalten, besonders den Glückspunkt und den Geistpunkt, sollte man ebenfalls verwenden. Auch hier sind es Ganzzeichenhäuser.
3. Planeten über dem Horizont im 1. Haus werden anders gewertet als Planeten unter dem Horizont im 1. Haus. Dies scheint bei den Planeten unter oder über dem Deszendent im 7. Haus kein ganz so entscheidender Faktor zu sein.

85 Wilhelm Gundel, Neue astrologische Texte des Hermes Trismegistos, München 1936, Seite 73.

Ganzzeichenhäuser und Himmelslose

Eine der überraschendsten Begleiterscheinungen durch die Ganzzeichenhäuser ist der Gebrauch der von mir so genannten Himmelslos-Horoskope. Dies sind die Horoskope, bei denen ein Lospunkt oder arabischer Punkt als Horoskoppunkt dient. Dies ist der Punkt, der eines der Zeichen dazu bestimmt, die Rolle des 1. Hauses oder Ortes zu übernehmen. Diese Lehre ist sehr intensiv ausgearbeitet in Verbindung mit dem Horoskop, das auf dem Glückspunkt basiert. Dies wurde vor allem von Manilius entwickelt, der vom »Kreis von Athla« spricht[86]. Aber die Bedeutungsinhalte der Orte, die auf dem Glückspunkt aufgebaut werden, sind ziemlich verschieden von den herkömmlichen Häusern. Bei Vettius Valens dagegen entsprechen die auf dem Glückspunkt basierenden Häuser ziemlich genau dem, was man erwartet, abgesehen davon, dass diese eben vom Glückspunkt und nicht vom Aszendenten abgeleitet werden.[87] Das einzige Problem ist, dass Valens keine systematische Auflistung der Bedeutungen für diese Orte gibt. Es werden nur einige detailliert beschrieben. Der elfte Ort vom Glückspunkt aus wird als »Ort des Erwerbs« beschrieben, d.h. er sagt etwas darüber aus, wie man Besitz und Wohlstand erwirbt. Dies passt zu der Tatsache, dass der elfte Ort in der griechischen Astrologie ge-

86 Manilius, ASTRONOMICA, Stuttgart 1990, S. 208f.

87 Vettius Valens, ANTHOLOGY, BOOKS V VI, übersetzt von Robert Schmidt, Berkley Springs, 1994, S. 31.

nerell als der Bereich angesehen wurde, in dem man Reichtum erlangt. Der zehnte Ort vom Glückspunkt aus gesehen ist eine zweite Himmelsmitte, die mehr beschreibt, was man für seine Berufung und seinen Lebensunterhalt tut.

Es ist nicht ganz klar ausgeführt, aber die Hinweise deuten stark darauf hin, dass man mit dem Geistpunkt und auch den anderen Himmelslosen auf ähnliche Weise verfahren kann. Unglücklicherweise finden wir in der Literatur keine ausgearbeiteten Beispiele. Vieles in den alten Texten wurde ausgelassen als »eine Übung für den Studenten«.

Nach Paulus Alexandrinus[88], Olympiodorus und anderen hat der Glückspunkt mit dem Zugewinn an Geld und anderen Besitztümern zu tun, aber auch mit Ansehen, Karriere und dem sozialen Status (vor allem dem familiären Status). Zusammen mit dem Aszendenten gibt es auch einen Bezug zum Körper. Man sieht, der Glückspunkt ist sehr lunar in seiner Bedeutung.

Der Geistpunkt[89] hat nach einigen Quellen mit dem bewussten Handeln zu tun, vor allem in Bezug auf die berufliche Laufbahn, insofern sie durch eine bewusste Entscheidung gelenkt wird. Der Geistpunkt ist solar. Tatsächlich sind der Glückspunkt und der Geistpunkt speziell mit Planeten verbunden, nämlich mit Sonne und Mond.[90]

88 In der neuen Übersetzung von Paulus (Kapitel 23) steht Folgendes: »der Glückspunkt bezeichnet alle Dinge über den Körper und die Handlungen im Leben. Er verweist auf Erwerb, Reputation und Privilegien.« Beim Abfassen dieses Textes war der Text noch nicht paginiert.

89 Paulus (Kap. 23): »Geist ist der Herr der Seele, Temperament, Sinne und jeder Kraft und es gibt Zeiten, wenn er zusammenwirkt mit der Summe dessen, was man tut.

90 Bei Olympiodorus finden wir eine klare Unterscheidung zwischen Glücks- und Geistpunkt: *»Dann gibt es den Geistpunkt, durch den wir die Charakteristik der Seele, der Sinne und des Lebenszwecks in Erfahrung bringen können, gerade so wie wir den Körper und al-*

Aus der Lektüre der alten Literatur geht deutlich hervor, dass der Glückspunkt und das auf ihm aufgebaute Horoskop die Tendenzen im frühen Leben beschreibt, während der Geistpunkt und das dazugehörige Horoskop mit dem späteren Leben und der Reife zu tun hat. Das Grundhoroskop, das auf dem Aszendenten errichtet wird, scheint das ganze Leben des Geborenen zu zeigen. Mehr dazu in den folgenden Horoskopbeispielen.

les was mit dem Körper zu tun hat aus dem Glückspunkt erfahren. Was diese Dinge im Besonderen anbelangt, wohnt die größte Kraft der Divination in der Kenntnis der charakteristischen Merkmale der Seele und den Informationen über den Körper. Dies besagt, wie eine Seele, die von oben gekommen ist, hier ein Bewohner dem Kosmos entsprechend ist und wie der Körper und alles, was mit ihm zu tun hat, beschaffen ist. Um es kurz zu sagen, sie wird alle die Dinge erfahren, die nicht von uns abhängig sind.« (Kap. 22).

Die »Spitzen« der Ganzzeichenhäuser

Dies ist noch ein weiterer Punkt: Was sind die »Spitzen« der Ganzzeichenhäuser? Wo beginnen diese? Sind sie mit dem Anfang des Zeichens identisch? Unglücklicherweise haben wir keine eindeutigen Belege darüber, welche Praxis üblich war. Und es gibt Himmelslose, bei denen dieses ein Kernpunkt ist. Nehmen wir zum Beispiel den Todespunkt, der die Formel: Saturn + Spitze 8. Haus - Mond hat, sei es bei Tag oder bei Nacht. Aber was ist nun die Spitze des 8. Hauses? Wir haben keine überlieferten Beispielhoroskope, in denen diese Himmelslose berechnet wurden. Damals wurden diese und andere Himmelslose mit Ganzzeichenhäusern verwendet.

Zwischen den Zeilen hätte man den Eindruck gewinnen können, dass das, was ich beschrieben habe, gängige Praxis gewesen ist. Die aus Maternus zitierte Stelle hat den Gesichtspunkt verstärkt, dass »Spitzen« bei Ganzzeichenhäusern folgendermaßen gesehen wurden: In jedem Zeichen ist die Gradzahl, auf welcher der Aszendent im 1. Haus steht, die Spitze des Hauses. Dies würde bedeuten, dass die Häuserspitzen bei den Ganzzeichenhäusern identisch sind mit den Häusern des äqualen Systems. Aber Achtung! Ist es anzunehmen, dass Spitzen per Definition auch Anfänge sind? Nein! Tatsächlich bedeutet das Wort »Spitze« Punkt. Die Spitze ist der Punkt, an dem die Symbolik des Hauses am intensivsten zum Ausdruck kommt. Selbst bei den klassischen äqualen Häusern und in den mittelalterlichen Quellen auch bei allen anderen Systemen, wird angenommen, dass die Spitze des Hauses fünf oder ungefähr fünf Grade innerhalb des Hauses liegt und nicht am Anfang. Die Hindus platzieren die Spitze in die Mitte der Häuser. Bei den Ganzzeichenhäusern kann die Spitze frei über das Haus fließen und irgendwo stehen, selbst wenn der Ort oder *Topos* mit dem ganzen Zeichen zusammenfällt.

Beispiele

Beispiel 1: Karl Marx

Im ersten Beispiel möchte ich mich auf das Horoskop von Karl Marx beziehen, dem Urvater des Kommunismus, dessen Einfluss im 20. Jh. von enormer Bedeutung war. Im inneren Kreis finden wir die GOH-Häuser nach Koch. Im äußeren Kreis mit den Tierkreiszeichen finden wir die Ganzeichenhäuser.

Dieses Horoskop ist besonders idealtypisch, um den großen Unterschied zwischen Ganzzeichenhäusern und den herkömmlichen Häusersystemen aufzuzeigen. Zunächst wären da die Grade des aufsteigende Zeichens gegen Ende des Zeichens und, aufgrund der hohen nördlichen Breite, die Tatsache, dass das MC nicht in das zehnte Zeichen vom Aszendent aus gesehen fällt. Auch andere gängige Häuserteilungen wie z.B. nach Placidus, würden keinen großen Unterschied ergeben.

Marx wurde an einem Neumond geboren. Tatsächlich handelte es sich um eine totale Sonnenfinsternis. Die Eklipse nahm ihren Anfang in Westafrika, verlief in Richtung Norden über Ägypten und den Nahen Osten und befand sich die meiste Zeit über dem Gebiet der späteren Sowjetunion. Dies ist ein besonders eindringliches Beispiel für den Pfad einer pränatalen Sonnenfinsternis, der belegt, wo ein Ereignis, nämlich die Geburt von Marx, nahe der Eklipse ihre besonders dramatischen Auswirkungen haben wird. Dies sollten sich alle Studenten der Mundanastrologie merken: Ein Ereignis, das sich auf eine Fin-

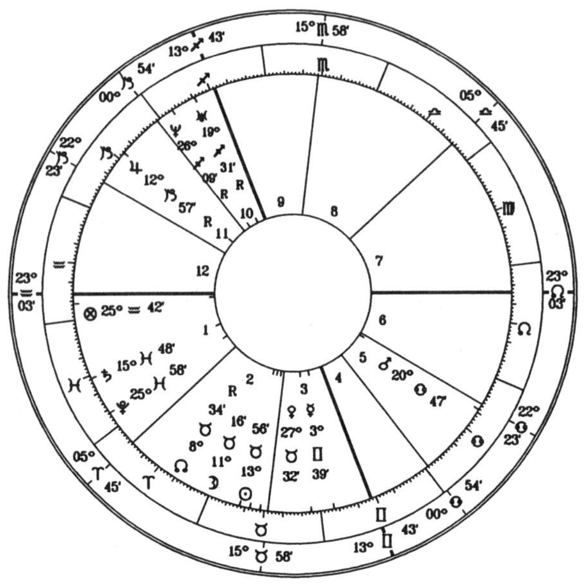

Abb. 12: Karl Marx[91]

sternis bezieht, kann sich auch erst viele Jahre später erst auswirken, wenn es sich bei der Geburt um jemanden sehr Wichtigen handelt.

Aufgrund des Neumondes sind sowohl der Glückspunkt als auch der Geistpunkt sehr eng beim Aszendenten zu finden. Dadurch sind die Ganzzeichenhäuser für alle drei identisch mit den Orten oder Häusern. So ist zum Beispiel Wassermann der erste Ort (oder 1. Haus) entsprechend diesen drei Punkten. Gemäß den alten Autoren wird dies als gut bewertet. Ich kann nicht behaupten, dass meine Erfahrung dies eindeutig bestätigt hätte, aber es gibt ein bemerkenswertes Maß an Übereinstimmung, wenn die Hinweise aller drei Horoskope ähnlich sind.

91 Karl Marx, 5. Mai 1818, 2:00 LMT, Trier (49N46, 6O39).

Was aber liegt hier vor, das das Ganzzeichenhäusersystem gegenüber dem späteren eingeführten und heute überwiegend eingesetzten Quadrantensystem auszeichnet? Benutzen wir in unserem Beispiel die modernen Häuser, dann stehen Uranus und Neptun im 10. Haus. Dies ist kein schlechter Hinweis angesichts dessen, dass Marx ein revolutionärer und sozialer Idealist war. In den Ganzzeichenhäusern erhalten wir diesen Deutungshinweis, weil diese Planeten im Zeichen der Himmelsmitte stehen und folglich die Mission des Lebens betreffen. Zusätzlich steht das MC im 11. Haus vom Aszendenten aus gesehen. Dies bedeutet, dass seine uranische Qualität die soziale und kollektive Welt als solche betrafen, und dass er nicht einfach ein Mensch mit stark uranischen Zügen war.

Nach der modernen Astrologie wäre Jupiter der Herr der Himmelsmitte, der wiederum im 11. Haus steht. Dies könnte auch zu der Aussage führen, dass Marx' Lebenssinn mehr auf einen größeren sozialen Rahmen als nur auf seine persönlichen Belange bezogen war. In den Ganzzeichenhäusern steht Jupiter dagegen im 12. Haus (Steinbock), und so sind die Ergebnisse seiner Philosophie im Hinblick auf die etablierte Gesellschaftsordnung subversiv. »Subversiv« passt seht gut zum 12. Haus. Außerdem steht Jupiter in beiden Systemen im Fall, was den Schütze-MC deutlich abschwächt.

Mit den Ganzzeichenhäusern erlangen wir aber zusätzliche Informationen. Der zehnte Ort vom Aszendenten aus ist der Skorpion. Dies spricht noch deutlicher für die heimlichtuerische und subversive Qualität seiner Karriere. Der Herrscher Mars steht ebenso wie der Jupiter im Fall. Auch er steht im 6. Haus vom Aszendenten aus, was übrigens auch bei einigen modernen Systemen zutrifft. Dieser Ort gilt in der klassischen Astrologie als ungünstige Stellung, denn er steht für Krankheiten und besonders krankheitsgefährdete Personen. In der neueren Astrologie werden geheime Feinde meist dem 7. Haus zugeschrieben, in der alten griechischen oder der vedischen Astrologie obliegt diese Aufgabe dem 6. Haus. Es ist das Haus derjenigen, die Interessen pflegen, die sich sehr stark von den eigenen Belangen unterscheiden oder in Konflikt mit diesen stehen. Ich denke, dass das 7. Haus viel besser als ein Haus der Gegenspieler (und auch der Partner) beschrieben wird, mit denen man in eine Art Wettbewerb oder Kampf verwickelt ist. Feinde im 6. Haus stehen einem sehr viel feindseliger auf einer persönlichen Ebene gegenüber. Wir sollten ebenso zur Kenntnis nehmen, dass Mars Herr des dritten Ganzzeichenhauses ist, dem Ort für Schreiben und Kommunikation, wohingegen er in modernen Häuserystemen über das 2. Haus dominiert. Von noch größerem Interesse dürfte sein, dass der dritte Ort bei den Griechen auch als das Haus der Mondgöttin bekannt war und später zum Haus der Religionen umbenannt wurde, aber nicht im Zusammenhang mit Macht oder Sekten. Marxismus war nicht immer frei von Machtstrukturen, aber er war zweifelsohne sektiererisch, und in dieser Hinsicht sehr kampfbereit. Ebenso steht dieser Mars im Trigon zu Saturn und Pluto im zweiten Ganzzeichenhaus, das mit Besitz (beweglichem Eigentum, Besitztümern im Gegensatz zu Grundbesitz) verbunden ist. Karl Marx' Lehre von der Produktion des Mehrwerts durch die Arbeiterklasse ist ein zentraler Bestandteil des marxistischen Denkens. Tatsächlich kann man seine gesamte Hervorhebung der Arbeiterklasse als eine andere Manifestation für den Herrscher des zehnten Ortes in dem sechsten Ort der Arbeit ansehen und ganz besonders den Ort derjenigen, die im Dienste stehen, sei es gegen Lohn oder nicht.

Der Aszendent, der Glückspunkt und der Geistpunkt stehen alle im Wassermann, dem Zeichen für »neue Weltordnungen«. Schauen wir auf den elften Ort vom Glückspunkt aus gerechnet (Ganzzeichenhäuser), dann finden wir Uranus und Neptun dort. Marx erwirtschaftete »Gewinne« mit seinen Schriften über die Revolution.

Alle Planeten im Stier (Sonne, Mond und Venus) stehen im vierten Ort. Dadurch entsteht eine sehr starker Nachdruck auf unbewegliches Eigentum, also Grundbesitz und Eigentum, das mit dem 2. Haus in Verbindung gesehen wird. Mond und Venus stehen beide in guten Würden, die Venus in ihrem eigenen Zeichen und der Mond in seiner Erhöhung und Triplizität.[92] Der Mond ist überdies auch Herrscher des sechsten Ortes (Arbeiter) und disponiert Mars im sechsten Ganzzeichenhaus. Umgekehrt nähert sich der Mond der Konjunktion mit der Sonne an, d.h. ein Neumond und eine Eklipse verleihen Marx eine starke Identifikation mit der Arbeiterklasse, auch wenn er selbst in keiner Weise dazu gehörte.

Beispiel 2: Wladimir I. Lenin

Auch auf das Risiko hin, dass der Eindruck entsteht, ich würde den Marxismus mit den Ganzzeichenhäusern assoziieren, entnehme ich mein nächstes Beispiel ebenfalls aus diesem Kontext. Lenins Horoskop ist ähnlich zu dem von Edward VII., denn da Lenin in sehr nördlichen Breiten geboren wurde mit dem Aszendenten am Ende des Zeichens Schütze, gibt es eine extrem stark geneigte Beziehung zwischen Himmelsmitte und Aszendent, so dass das MC in den zwölften Ort vom Aszendenten aus fällt. Das Resultat war, dass beide Männer eine Karriere hatten, die stark von Erwägungen des 12. Hauses beeinflusst war. Im Falle Edwards bedeutete dies, dass er im Hintergrund gehalten wurde und seine eigentliche Rolle als Prinz und König lange Zeit nicht übernehmen durfte. Der Werdegang Lenins als solcher hatte einen starken Veranlagung im 12. Haus. Beide lebten nicht mehr lang, nachdem ihre Laufbahn aus dem 12. Haus herausgetreten war. Edward lebte nur noch etwa acht Jahre, nachdem er den Thron bestiegen hatte, Lenin blieben weniger als sieben Jahre, nachdem die Bolschewiken die Macht übernommen hatten. Ansonsten führten beide aber sehr verschiedene Leben.

92 Planeten können über Zeichen und Häuser, aber auch über die Triplizität herrschen. Siehe hierzu die Tabelle 2, Seite 51

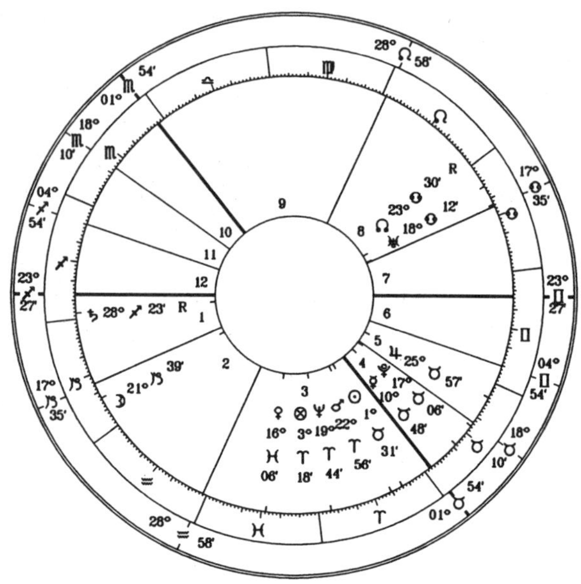

Abb. 13: Lenin[93]

Lenins Geburtsbild kann man als ein Musterbeispiel für Horoskope von Revolutionären ansehen. Anders als Marx, der eine Art Lehnstuhl-Revolutionär war und eigentlich nicht in Konflikt mit den Autoritäten geraten ist, war Lenin der einzig wahre Revolutionär, der aktiv die Subversion plante, und der ganz direkt von den Behörden gesucht wurde, die ihn ins Gefängnis stecken wollten. All dies ist in seinem Horoskop sehr offensichtlich, egal welches Häusersystem man benützt. Der deutlichste Hinweis ist das T-Quadrat aus Mond, Uranus, Neptun und Mars. Darüber hinaus ist Mars der Herrscher der Himmelsmitte und des zwölften Ortes vom Aszendent aus.

93 Wladimir I. Lenin, 22. April 1870, 00:00 LMT (20:46 UT, 21. April), Simbirsk, Russland (54N20, 48O24), Quelle Blackwell Database, die diese aus einer offiziellen Biografie Lenins entnommen hat.

Mars war zwar auch der Herrscher über Edwards Himmelsmitte, aber er war sehr viel günstiger aspektiert durch das Sextil zur Sonne. Auch der Mars von Edward war an einem T-Quadrat beteiligt, aber dieses bestand ferner aus Venus und Pluto, was uns mehr über seine sexuellen Begierden als über revolutionäre Tendenzen verrät. Lenins T-Quadrat ist dagegen pures Gift, was man fast wörtlich nehmen kann, denn Mars und Neptun herrschen zusammen über Gift.

Ein weiterer Unterschied zwischen Edward und Lenin ist, dass Edward seinen Jupiter im ersten Ort und Saturn im Steinbock im zweiten Ort, aber nahe am Aszendent stehen hat. Lenin hat Saturn am aufsteigenden Schützen im ersten Ort und weit und breit keine Verbindung mit Jupiter. Ein Blick auf die Sektionen zeigt auf, dass Edward bei Tag geboren wurde, was sich sehr viel positiver auswirkt. Lenin hat dagegen ein Nachthoroskop.

Da Lenins Himmelsmitte im zwölften Ort steht, ist es logisch, dass das IC im sechsten Ort steht. Die Sonne steht ebenfalls am IC und im sechsten Ganzzeichenhaus. Dies ergibt eine Kombination aus den Einflüssen der frühen Kindheit und des Elternhauses mit der Symbolik des 6. Hauses. Lenins Selbstidentifikation mit der Arbeiterklasse war bei weitem nicht so intensiv wie bei Marx, eben weil er gleichzeitig auch die Arroganz des überzeugten Intellektuellen in sich hatte. Der Herrscher des neunten Ganzzeichenhauses ist die Sonne, die in Konjunktion mit dem IC im sechsten Ort ist. Zumindest bei den GOH-Kochhäusern hätte man noch den Herrscher des 9. Hauses am IC, aber nicht zugleich den Effekt, dass das IC im sechsten Ort steht.

Zusätzlich zur Sonne sind noch drei weitere Planeten im sechsten Ganzzeichenhaus: Merkur, Pluto und Jupiter. Dieser Ort hat eindeutig zwei Herrscher. Venus ist selbstverständlich die Herrscherin über das Zeichen Stier. Dagegen ist der Mond sowohl der Erhöhungs-Herrscher des Stier, als auch der Herrscher der Erd-Triplizität in Nachthoroskopen. Folglich ist der Mond mindestens ebenso wichtig wie die Venus, um die Hinweise auf den sechsten Ort zu bewerten; außerdem steht der Mond im Steinbock im Exil. Venus steht erhöht im vierten Ganzzeichenhaus in den Fischen. Diese könnte man sicher als eine Tendenz zur Romantisierung der Arbeiterklasse ansehen, eine Neigung, gegen die Lenin in seinen frühen Jahren ankämpfte. Der Mond ist jedoch sehr viel aufschlussreicher, da er in das oben erwähnte T-Quadrat eingebunden ist. Der erste Aspekt, den der Mond nach der Geburt einging, ist das Quadrat mit Mars, was seine mögliche Tendenz zu einem gewaltsamen Ausbruch seiner Einstellung gegen die Arbeiterklasse andeutet. Ein anderer wichtiger Gesichtspunkt zum Mond in diesem Horoskop ist der letzte Aspekt vor der Geburt. Dies war ein Quadrat zu Neptun. Folglich befindet sich Lenins Mond in einem Zustand, den die Astrologen des Mittelalters als »Belagerung« bezeichnet haben, d.h. er bewegt sich von einer ungünstigen Konfiguration direkt zur nächsten, ohne dass ein wohlwollender Aspekt dazwischen vermittelt hätte. Dies ist so ziemlich die schwierigste Lage, in der sich der Mond befinden kann. Man könnte über dieses Horoskop noch viel schreiben, ich möchte aber nur noch dieses ergänzen: In den modernen Häusersystemen (außer vermutlich bei der äqualen Manier) könnte man in keiner Weise die starke Betonung des sechsten Ortes in Erfahrung bringen. Bei den äqualen Häusern haben wir Stier an der Spitze des 6. Hauses, aber die meisten Planeten im Zeichen Stier fallen in das 5. Haus. Folglich zeigen auch die äqualen Häusern diese starke Betonung des 6. Hauses nicht an. Bei den Koch-Häusern ist Merkur Herr des 6. Hauses, der jedoch in dem Horoskop nicht sehr stark gestellt ist.

Beispiel 3: Edith Bolling Wilson

Bei dem letzten Beispiel betrachten wir das Horoskop von Edith Bolling Wilson. Ihr Name ist zwar heutzutage nicht mehr in aller Munde, aber sie spielte eine sehr wichtige Rolle in der amerikanischen Geschichte: Sie war *de facto* die Präsidentin der Vereinigten Staaten während der letzten Jahre der Präsidentschaft von Woodrow Wilson.

Nach dem Ersten Weltkrieg verausgabte sich Woodrow Wilson mit seinen Versuchen, das amerikanische Volk und den Kongress davon zu überzeugen, dass die USA der Liga der Nationen beitreten sollte. Die Folge davon war eine Serie von Schlaganfällen, die es ihm weitgehend unmöglich machten, als Präsident zu fungieren. Zu jener Zeit hatten die USA keine geeignete Persönlichkeit, um einen zwar lebenden, aber in seiner Handlungsfähigkeit behinderten Präsidenten zu ersetzen. So beschloss sein engster Führungsstab, mit Edith Wilson zusammenzuarbeiten, um den Anschein zu erwecken, dass Woodrow auf dem Weg der Besserung und als Präsident entscheidungsfähig sei. Tatsächlich erledigte aber Edith Wilson den Großteil der Arbeit.

Wie zeigt sich dies im Horoskop? Zunächst steht die Himmelsmitte im elften Ort vom Aszendenten aus. Dies ist der Hinweis auf eine Person, deren Lebensausrichtung etwas mit Gruppierungen oder mit der größeren sozialen Ordnung zu tun hat. Dies ist allerdings eine recht häufige Platzierung für das Medium Coeli und demnach nicht ungewöhnlich. Mars steht in der Jungfrau und in Konjunktion zur Himmelsmitte. Außerdem herrscht er über den Aszendenten im Skorpion. Das ist ein Indiz dafür, dass Edith Wilson eine starke Tendenz hat, in Aktion zu treten und individuelle Initiative zu ergreifen. Vor allem aber zeigt es die Begabung, tatkräftig die alltäglichen Kleinigkeiten (Jungfrau) abzuwickeln.

Der Deszendent steht im Stier und interessanterweise auch in den Plejaden, einer Fixsterngruppe. Dies kann definitiv als eine Gefahr für die Gattin gesehen werden. (Die Plejaden gelten tra-

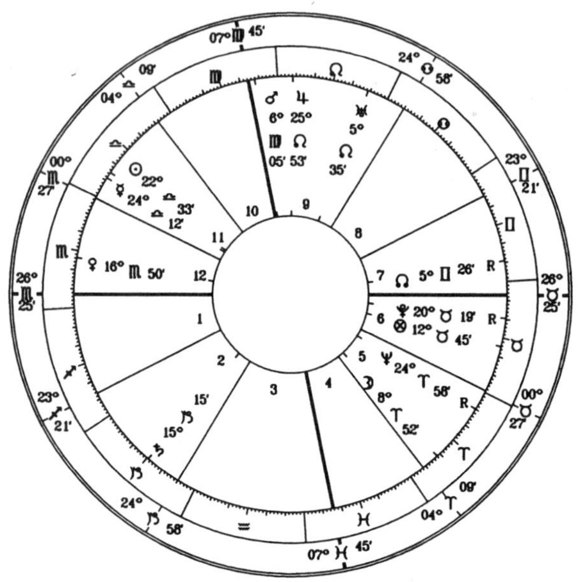

Abb. 14: Edith Bolling Wilson[94]

ditionell als eine sehr gewalttätige Fixsterngruppe, die Verletzungen und Krankheit verursacht. Man hat ihnen die Qualität von Mars und Mond zugeschrieben. Auch wenn sie nicht immer eine schädliche Wirkung haben, so konnte ich doch feststellen, dass eine besondere Aufmerksamkeit erforderlich ist, wenn sich die Plejaden in Konjunktion zu wichtigen Punkten im Horoskop befinden. Die Spitze des 7. Hauses steht für die Ehefrau.) Außerdem ist die Venus die Herrin des siebten Ganzzeichenhauses und sie steht im ersten Ganzzeichenhaus im Skorpion. Ich muss aber dazu sagen, dass diese Venus in modernen Häusersystemen im 12. Haus stehen würde, was man als eine annehmbare Symbolik an-

94 Edith Bolling Wilson, 15 Oktober 1872, 9:00 LMT (14:24:16 UT), Wytherville, VA (36N55, 81W05), Blackwell Database, Quelle: Ihre Biografie MY MEMOIRS (1931).

sehen könnte. Mein Problem damit ist nur, dass Edith Wilson keinen Mann hatte, der seinem Wesen nach im 12. Haus zu suchen wäre. Ein Präsident passt nicht in das 12. Haus, und er war schon Präsident, als sie ihn geheiratet hat. Wollte man ihn mit ihrem 12. Haus beschreiben, so trifft dies allenfalls für die späten Jahre der Ehe zu. Dagegen zeigt eine Venus im Exil im ersten Ort, dass sie die Kontrolle über die Angelegenheiten des Partners übernehmen muss, der sich in einem Schwächezustand (Exil) befindet.

Bei den Ganzzeichenhäusern sehen wir Pluto im siebten Ort. Daran sieht man, dass sie von der Macht eines Gatten angezogen wurde, dies besagt aber auch, dass die Ehe an einem gewissen Punkt eine schwere Krise zu überstehen hat.

Wir haben schon gesehen, dass Mars in Konjunktion zur Himmelsmitte steht und über den Aszendenten herrscht. Aber das Medium Coeli steht nicht im zehnten Tierkreiszeichen. Das zehnte Zeichen ist Löwe, in dem die Sonne herrscht. Die Sonne wiederum steht in der Waage im zwölften Ganzzeichenhaus. Dies bedeutet, dass etwas im Hinblick auf ihre soziale Rolle und ihr Handeln in der Welt zu einem Rückzug führt oder von Geheimnissen umwittert ist. Das große Geheimnis war, dass Woodrow Wilson zu krank zum Regieren war, und dass seine Frau mehr oder weniger die Amtsgeschäfte übernommen hat, um das Land zu regieren. Zu beachten ist, dass die Sonne in der Waage im Fall ist, d.h., dass sie in ihrer Laufbahn nicht groß herauskommt und ihr wahres Sein zeigen kann, und dass ihre Karriere nicht in ihrem eigenen Namen, sondern zugunsten einer Partnerschaft erfüllt wurde.

Im zehnten Ganzzeichenhaus finden wir Jupiter und Uranus. Letzterer verweist darauf, dass es in ihrem Lebenslauf etwas Unkonventionelles und Außergewöhnliches gibt, während Jupiter auf eine Funktion ganz oben in der sozialen Hierarchie deutet. In der traditionellen Astrologie werden alle Feuerzeichen, vor allem aber Löwe, als königliche Zeichen angesehen. Die Präsidentschaft hat etwas »Königliches«.

Zusammenfassung

Was sollte man als Leser nach der Lektüre all dieser Fakten tun? Soll man alles, was man bisher über sein bevorzugtes Häusersystem gelernt hat, wegwerfen und nur noch die Ganzzeichenhäuser anwenden? Letztlich liegt dies bei Ihnen, ich würde aber gerne die folgenden Vorschläge unterbreiten. Ich persönlich habe die modernen Häusersysteme, und zwar bevorzugt die GOH-Kochhäuser, nicht ganz aufgegeben, und zwar besonders deswegen, weil sie sich auf die Stärke eines Planeten beziehen. Wie man in diesem Abschnitt gesehen hat, zeichne ich im inneren Kreis die Koch-Häuser und im äußeren Kreis die Ganzzeichenhäuser, so dass ich die Wechselbeziehung gut sehen kann. Dann überprüfe ich immer beide Zugangsformen gemeinsam. Allerdings muss ich dazu sagen, dass es mehr Fälle gibt, bei denen ich in den modernen Häusern keine Entsprechung finden kann.

In der Möglichkeit, dass die gesamte Häuserdebatte von Anfang an ein Fehler gewesen sein könnte, liegt etwas Befriedigendes. Vor allem bei dem Gedanken, dass die Lösung der Kontroverse die sein könnte, überhaupt nur Häuser zu verwenden, die sich von den Zeichen gar nicht unterscheiden. Die zwölf Orte sind dann einfach die Tierkreiszeichen, die eine der zwölf Aufgaben übernehmen, die auf der Aspektbeziehung zu einem Zeichen basiert, welches als der erste Ort oder *horoscopos* festgelegt wird aufgrund des Vorhandenseins eines Horoskoppunktes (meistens des Aszendenten, manchmal aber auch des

Glückspunkts, des Mondes oder verschiedener Planeten – vor allem bei Ptolemäus) in diesem Zeichen.

Wem es noch widerstrebt, ganz auf diese Häuser umzuschwenken, aber genügend Offenheit mitbringt, rate ich Folgendes: Zeichnen Sie die Horoskope mit den Speichen wie bisher und legen Sie die Zeichen außen herum. Bei der Auslegung des Horoskops vergleichen Sie systematisch die einzelnen Hinweise, ohne die Bezüge des bisher favorisierten Häusersystems bzw. der Ganzzeichenhäuser aufzubauschen oder herunterzuspielen. Ich muss ganz ehrlich sagen, dass die Ganzzeichenhäuser »meinen widerwilligen Glauben bezwungen haben.«

Stundenastrologie und Ganzzeichenhäuser

Stundenastrologie ist die Kunst mit Hilfe des Horoskops Fragen zu beantworten. In der Praxis ist dies so, dass man ein Horoskop auf den Augenblick der Fragestellung errechnet. Warum ich dieses Thema hier anschneide, hat folgenden Grund: Stundenastrologie, auch deren klassische Variante, leitet sich heutzutage vorwiegend von William Lillys Buch CHRISTLICHE ASTROLOGIE[95] ab. Dazu kommen noch einige Materialien von älteren Astrologen wie z.B. Guido Bonatti, aber keiner von ihnen arbeitete mit Ganzzeichenhäusern. Wie aber schon erwähnt, wurden viele Regeln, die Lilly und andere Vertreter dieser Disziplin verwendeten, aus wesentlich älteren Werken übernommen, die tatsächlich Ganzzeichenhäuser einsetzten. Das folgende Beispiel aus Mash'allah's ON RECEPTION, kann den Gebrauch der Zeichen als Häuser in der alten arabischen Stundenastrologie illustrieren:

Und wenn der Mond am siebten Eckpunkt stehen würde, dann hätte sich die Angelegenheit sicher schneller erfüllt. Und stünde der Mond mit Saturn im zehnten Zeichen, dann wäre es rascher erfolgt. Und in dem aufsteigenden Zeichen wäre es schneller als an allen anderen Positionen gewesen. [96]

95 William Lilly, CHRISTLICHE ASTROLOGIE, BUCH 1 UND BUCH 2, Tübingen 2007.
96 Mash'allah, ON RECEPTION, ins Englische übersetzt von Robert Hand, Reston, VA, ARHAT, 1998.

Die hier zitierte Stelle demonstriert die Wirksamkeit des Mondes, wenn es darum geht, eine in der Frage gesuchte Angelegenheit zu vollenden. Die Details sind im Moment unwichtig. Auf was ich den Leser aufmerksam machen möchte, ist Folgendes: Die Häuser, auf die er sich bezieht, sind in Wirklichkeit Zeichen. In seinem Buch bringt Mash'allah noch zahlreiche Hinweise auf Zeichen, die als Häuser verwendet werden, was belegt, dass die gesamte Stundenastrologie in diesem Buch auf den Ganzzeichenhäusern basiert.

Nun muss ich sagen, dass ich sehr beeindruckt bin von den Arbeiten der späteren Stundenastrologen wie Lilly oder Bonatti. Lilly arbeitete mit Regiomontanus-Häusern und Bonatti mit Alcabitius-Häusern, Stundenastrologen nachfolgender Generationen haben sogar Placidus und andere Systeme verwendet. Lilly mit seiner stattlichen Menge an ausgearbeiteten Beispielen für stundenastrologische Fragen ist besonders Ehrfurcht erweckend für jeden, der etwas ganz anderes wie z.B. die Ganzzeichenhäuser vorschlagen würde. Ich möchte aber nochmals daran erinnern, dass der Großteil der stundenastrologischen Regeln von antiken und mittelalterlichen Astrologen entwikkelt wurde, die mit Ganzzeichenhäusern gearbeitet haben. Deswegen fühlte ich mich trotz einer gewissen Beklommenheit aufgefordert, mit den Ganzzeichenhäusern bei Fragehoroskopen zu experimentieren. Wie könnte ich rechtfertigen, für die Geburtshoroskope die alten Ganzzeichenhäuser zu verwenden, während ich für die Stundenastrologie eine andere Häusermanier beibehalte?

Es freut mich, sagen zu können, dass das Experiment ein Erfolg war, denn die Ganzzeichenhäuser ließen sich optimal zur Beantwortung von Fragehoroskopen einsetzen. Ich verwende diese auch in meiner täglichen Arbeit und die meisten meiner Klienten stellen Fragen aus dem Bereich der Finanzen, wo äußerste Genauigkeit erforderlich ist. Auch wenn ich nicht der Meinung bin, dass ich Anhänger von William Lilly zu einem Wechsel zu den Ganzzeichenhäusern bewegen kann, möchte

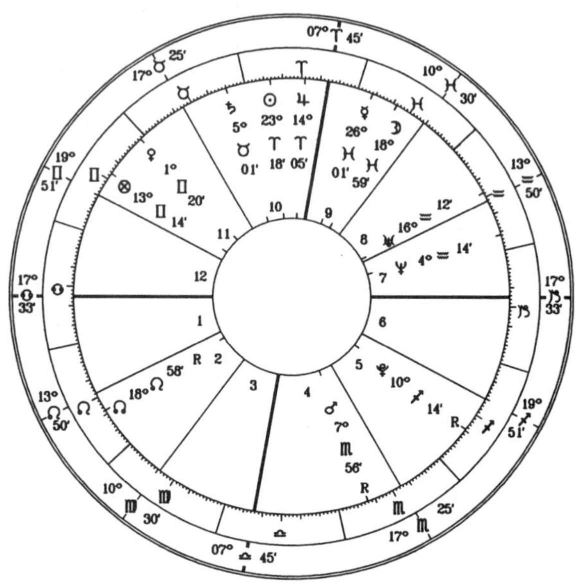

Abb. 15: Wo ist mein Vater?[97]

ich dennoch ein eindrückliches Beispiel vorstellen, das besonders herausfordernd ist, weil das Ganzzeichensystem sehr viel eindeutiger ist als die Kochhäuser (im inneren Kreis). Für die Verfechter anderer Häusersysteme folgt eine Tabelle:

Haus	Placidus	Regiomontanus
11	12° ♉ 14'	13° ♉ 42'
12	16° ♊ 24'	18° ♊ 44'
2	10° ♌ 46'	12° ♌ 21'
3	06° ♍ 54'	07° ♍ 38'

Tab. 7: Vergleich Placidus – Regiomontanus

97 Daten werden zum Schutz des Klienten nicht veröffentlicht.

Die Spitzen liegen bei allen drei Systemen eng beieinander und kein Planet wechselt das Haus. Aber die Planeten wechseln bei den Ganzzeichenhäusern den Ort.

Der Klient fragte nach dem Verbleib und Zustand des Vaters, was mit dem 4. Haus zu tun hat. Bei den drei modernen Systemen ist das 4. Haus identisch, außer bei den Ganzzeichenhäusern, denn dort entspricht das 4. Haus dem Zeichen Waage. Deswegen kann man plausibel sagen, dass Venus der Signifikator für die Umstände und Person des Vaters ist. Venus steht in den modernen Häusersystemen im 11. Haus. Bei den Ganzzeichenhäusern steht sie jedoch im 12. Haus, denn Zwillinge ist das zwölfte Zeichen, wenn man von Krebs als aufsteigendem Zeichen ausgeht. Aus der Sicht des Fragenden gesehen ist die Aussage der Ganzzeichenhäuser die bedenklichere, denn das 12. Haus ist einer der unglücklichsten. Vom Standpunkt des Vaters ist das 12. Haus verhängnisvoll, denn das 12. Haus ist das 9. Haus vom 4. Haus aus gesehen.

Viele Astrologen haben den folgenden Punkt vielleicht gar nicht beachtet, aber in allen drei modernen Systemen steht Stier an der Spitze des 11. Hauses, welches das 8. Haus vom 4. Haus aus gesehen ist. Folglich haben sowohl das 4. als auch das 11. Haus Venus als Herrscherin und die Venus im 11. Haus, allerdings im nächsten Zeichen Zwillinge. Wenn ein Planet Herr von zwei Häusern ist, dann bedeutet dies nach der traditionellen Astrologie, dass es zwischen beiden Häusern einen Bezug gibt. Das 11. Haus, welches das 8. Haus vom 4. Haus aus ist, kennzeichnet (neben anderen unerfreulichen Dingen) den Tod des Vaters, so dass wir einen möglichen Zusammenhang zwischen dem Vater und dem Tod haben. Die modernen Häusersysteme haben den Herrscher für den Tod des Vaters im Haus für den Tod des Vaters. Jedoch werden die meisten mit mir übereinstimmen, wenn ich sage, dass die Venus nicht sehr einleuchtend ist als starke Signifikatorin für den Tod. Nichtsdestotrotz ist dies ein Alarmzustand.

Bei den Ganzzeichenhäusern steht die Venus zwar nicht im 11. Haus, aber sie ist die Herrscherin von Haus vier und Haus elf. Also kein großer Unterschied zwischen modernem Häusersystem und den Ganzzeichenhäusern. Welche anderen Anzeichen finden wir dafür, dass etwas passiert ist? Nun, wir haben eine applikative Mars/Saturn-Opposition, tatsächlich sogar wechselseitig applikativ, da Mars rückläufig ist. Mars steht in den modernen Häuserteilungen im 4. Haus, Saturn im 10. Haus, während Mars im Ganzzeichensystem im 5. Haus und Saturn im 11. Haus steht. Bei den modernen Häusersystemen liegt die Vermutung nahe, dass der Vater einen Zusammenstoß mit einem offenen Feind hatte (Mars als Herr des 7. Hauses vom 4. Haus aus gezählt und er steht selber im 4. Haus). Allerdings hat Mars sehr viel mehr Würden (im Skorpion) als Saturn (im Stier), so dass der offene Feind mehr oder weniger unter der Kontrolle des Vaters stehen müsste. Im Ganzzeichensystem sieht es etwas verhängnisvoller aus, denn die Saturn/Mars-Opposition bringt hier einen Saturn im 8. Haus vom 4. Haus aus gesehen mit sich (nämlich das 1. Haus). Aber ohne eine direkte Verknüpfung mit dem 4. Haus, das für den Vater steht, wäre dies keine sehr starke Andeutung. Allerdings entmachtet der erhöhte Mars, der aus dem 4. Haus nun in das 5. Haus fällt, den Vater.

Aber es besteht dennoch eine starke Verbindung zwischen dieser Opposition und der Herrschaft im 4. Haus. Saturn ist der Herrscher der Erhöhung des 4. Hauses in allen vier Häusersystemen. Ferner werden Luftzeichen in Tageshoroskopen von Saturn regiert. Deswegen hat Saturn zwei Herrschaften über die Waage, während Venus nur eine hat. In der griechischen Astrologie wären dies zwei Punkte für Saturn und ein Punkt für Venus. In der Astrologie des Mittelalters wäre 7:5 das entsprechende Verhältnis. Folglich wäre Saturn sowohl in der antiken als auch in der mittelalterlichen Astrologie der Herr des vierten Zeichens oder Hauses. Bei den Ganzzeichenhäusern, und nur bei diesen, haben wir Saturn im 11. »Haus« oder Ort, was den Tod des Vaters andeutet. In den modernen Häusersystemen finden wir Saturn dagegen im 10. Haus. Damit haben wir bei den Ganzzeichenhäusern einen deutlichen Hinweis darauf, dass der Vater tot ist, denn der Herr des vierten Ortes steht im achten Ort (vom vierten aus gesehen), und er ist ernsthaft verletzt von einem applikativen Mars mit Würden, der über das Haus herrscht, welches für die offenen Feinde des Vaters steht. Es sollte sich herausstellen, dass der Vater tatsächlich tot war zum Zeitpunkt der Fragestellung und zwar weder aufgrund natürlicher Ursachen, noch aufgrund eines Unfalls. Die einzige Frage war, wie er zu Tode kam.

Das Horoskop lässt in dieser Hinsicht Unklarheiten offen, und ich habe die ganze Geschichte nie erfahren. Die Tatsache, dass Venus (gemeinsam mit Saturn) über das 4. Haus herrscht und gleichzeitig über das 8. Haus des Vaters (vom 4. Haus aus), legt Selbstmord nahe. Dies ist eine der Bedeutungen, wenn der gleiche Planet Herrscher über das 1. Haus und das 8. Haus ist, aber nur wenn es aufgrund anderer Horoskopfaktoren sehr starke Hinweise auf Gewalt oder Tod gibt. Im vorliegenden Fall ist dies die Mars/Saturn-Opposition. Aber diese Opposition gibt auch die Möglichkeit, dass er ermordet wurde. Jedoch legen die wenigen Fakten, die ich kenne, am ehesten die Möglichkeit nahe, dass er tatsächlich Selbstmord beging, um dem Druck von offenen Feinden zu entgehen. Dies könnte die gesamte Symbolik erklären.

Hätte man dies auch über die modernen Häuser erschließen können? Ja, aber nicht mit dieser Klarheit. Venus hätte als Einzige einen Hinweis auf Tod gegeben und die Mars/Saturn-Opposition hätte man vielleicht in der oben dargelegten Weise lesen können, sprich Konflikt mit einem offenen Feind, bei dem er die besseren Karten hatte.

Dies ist lediglich ein Fallbeispiel, aber es ist nicht atypisch. Es zeigte sich schon so oft in ähnlicher Weise, dass ich sehr dazu neige zu sagen, dass die Ganzzeichenhäuser mit den wichtigsten modernen Häusermethoden Schritt halten können und diese zumindest im vorliegenden Fall übertroffen haben.

Anhang

Auf dem Weg zu einer post-modernen Astrologie[98] *übersetzt von Rafael Gil Brand*

Als Erstes sollte ich den Begriff »postmodern« definieren. Postmodernismus im üblichen Sinne bezieht sich auf eine Reihe von philosophischen Bewegungen, die im Großen und Ganzen aus der zeitgenössischen französischen Philosophie stammen, hauptsächlich aber auf die Werke von Jacques Derrida, den Poststrukturalismus und den Philosophen und Historiker Michel Foucault.

Für mich ist dies allerdings nicht relevant, denn in der Astrologie sind die Dinge anders abgelaufen. Astrologie ist nie ein Teil der modernen Weltsicht gewesen und kann nicht in demselben Sinne eine postmoderne Periode haben. Ich würde eher meinen, dass sich Astrologie ideal dafür eignet, im Sinne der französischen Philosophie sowohl als prämodern als auch als postmodern zu gelten.

Ich gehe vielmehr auf ein sehr reales geschichtliches Phänomen in der Astrologie ein, das folgendermaßen lautet: Ab dem 5. Jahrhundert vor Christus bis etwa um das Jahr 1700 haben wir eine Astrologie, die gewisse konsistente Muster, Ideen und Prin-

98 Dieser Vortrag wurde am 2. Oktober 2005 während der 37. Annual Conference das Astrological Association of Great Britiain in York gehalten. Die deutsche Übersetzung erschien erstmalig in Meridian 2/2006.

zipien sowie eine mehr oder weniger kontinuierliche Tradition vorweist. Ab dem 18. Jahrhundert gibt es einen längeren Bruch. Üblicherweise bezeichnen die Historiker dies als das Zeitalter der Aufklärung. Auf Grund dessen, was damals geschah, ziehe ich den Begriff *Verdunkelung* vor – denn beinahe wäre die Astrologie ausgestorben. Im 19. Jahrhundert lebte sie dann wieder auf und war fast durchgängig eine Neubelebung eines Teils jener Tradition, die 1700 fast ein Ende gefunden hätte.

Mit Alan Leo und etwas später mit Leuten wie Dane Rudhyar, oder – auf einer anderen Ebene – mit Bewegungen wie der Hamburger Schule oder der Kosmobiologie Ebertins, kam dann eine ziemlich neue Art von Astrologie zu uns, und es wäre angemessen, sie einfach *Astrologie des 20. Jahrhunderts* zu nennen. Ich hingegen würde sie gerne als *moderne Astrologie* bezeichnen. Worüber ich also wirklich sprechen werde, ist die Frage: Was kommt jetzt?

Der Anfang dessen, was ich – mangels eines besseren Begriffs – *postmoderne Astrologie* nennen werde, wurde gerade erst vor einigen Jahren gemacht. Zwei Personen sind besonders verantwortlich für diesen Neubeginn: Robert Zoller in den USA, der in den 70er Jahren anfing, mittelalterliche Astrologie im lateinischen Original zu studieren, dicht gefolgt von der inzwischen verstorbenen Olivia Barkley in Großbritannien, die ihren Studenten anhand der Texte von William Lilly die Stundenastrologie näherbrachte. In beiden Fällen war das, was vermittelt wurde, eine wiedergeborene Astrologie aus der Zeit vor 1700 oder »prämoderne Astrologie«. Die Wirkung war enorm. In den Vereinigten Staaten führte dies zu der Bewegung, an der ich selbst beteiligt war bzw. immer noch bin, wenn auch nicht in Verbindung mit dem Projekt Hindsight, das Robert Zoller und ich zusammen mit Robert Schmidt gründeten. Danach ging Robert Zoller eigene Wege – und ich ebenfalls, aber die Bewegung blieb und wurde fortgesetzt. Es gibt natürlich auch sehr bedeutsame Gruppierungen in Spanien, und ebenso in Italien, die alte Texte übersetzen und wieder zugänglich machen.

Die Art der Astrologie, die vor 1700 gelehrt wurde, kehrt also derzeit ziemlich schnell zurück. Der Einfluss, den diese Bewegungen gehabt haben, ist nicht unbedingt der, den Sie vielleicht erwarten würden. Natürlich gibt es Menschen – und ich glaube, ich kann das sagen, ohne Anstoß zu erregen – wie Robert Zoller, die wirklich versuchen, eine intakte prämoderne Astrologie, auch bekannt als traditionelle Astrologie, wieder vollständig ins Leben zu rufen. Da aber einige Leute auch die Astrologie Alan Leos als traditionelle Astrologie verstehen, mag prämodern der eindeutigere Begriff sein. Mein Lieblingsbild von Robert Zoller – glauben Sie mir, ich denke nicht, dass er etwas dagegen hätte, wenn ich ihn so charakterisiere – ist, wie er irgendwie lächelnd, sich erhaben die Hände reibend, folgende Worten sagt: »Die alten Wege waren die guten Wege!«

Was aber anscheinend geschieht, und ich sehe mich auf jeden Fall auf derselben Linie, ist nicht wirklich eine Wiederbelebung der traditionellen Astrologie. Es ist vielmehr die Heilung des Bruchs, der im 18. Jahrhundert vonstatten ging. Wir versuchen nicht, Astrologie exakt auf dieselbe Art und Weise zu betreiben, wie es früher getan wurde, sondern möchten vielmehr die Astrologie so wiederherstellen, wie sie gewesen wäre, wenn sie nie aufgehört hätte, eine aktive Tradition zu sein. Es ist sehr wichtig, diesen Punkt zu verstehen, denn oft wird behauptet und geglaubt, traditionelle Astrologie könne gar nicht so effektiv gewesen sein, da sie ja schließlich ausstarb – beinahe. Sie müsse doch sicherlich schlimme Mängel gehabt haben, und somit stelle die moderne Astrologie eine Weiterentwicklung dar.

Das ist aber nicht der Fall! Die traditionelle Astrologie ging aus Gründen unter, die man viel treffender gesellschaftspolitisch nennen kann als wissenschaftlich. Wenn Sie ein Beispiel dafür haben wollen, was ich meine, verweise ich auf Patrick Curry's ausgezeichnete Arbeit PROPHECY AND POWER,[99] in der

99 Patrick Curry, PROPHECY AND POWER: ASTROLOGY IN EARLY MODERN ENGLAND, Cambridge, 1988.

er den Prozess des Niedergangs der Astrologie in England am Beginn der Neuzeit beschreibt. Aber ich versichere Ihnen, dieser Vorgang war nicht auf England beschränkt. Wir betreiben also keine traditionelle Astrologie, wir heilen den Bruch, der sich im 18. Jahrhundert ereignete.

Zunächst aber: Was ist traditionelle Astrologie? Leider ist die einzige allgemeine Charakterisierung, die ich anbieten kann, sie als Astrologie vor 1700 zu definieren. In dieser Hinsicht verhält es sich so, wie fast alles in der Geschichte. Ich glaube, wenn Sie eine schnelle Rechnung machen, werden Sie erkennen, dass der größte Teil der Geschichte sich vor 1700 ereignete. Aber es wird schwierig, sie anders charakterisieren zu wollen. Dann müssen wir uns fragen: »Welche traditionelle Astrologie ist gemeint?« Hellenistisch/klassische Astrologie? Jyotish? Dies ist ein Begriff den ich klar gegenüber »vedisch« bevorzuge, erstens, weil es der tatsächliche indische Begriff ist, und zweitens (ich weiß, hierüber werde ich später einigen Streit bekommen), weil es diese ganze horoskopische Astrologie nicht in den Veden gibt. Sprechen wir über arabische Astrologie oder – wie ich sie lieber nenne – persische Astrologie, denn schließlich ist sie viel mehr persisch als arabisch? Sprechen wir über lateinischsprachige mittelalterliche Astrologie, was im Prinzip dasselbe ist wie die persisch-arabische? Oder sprechen wir über frühmoderne Astrologie – und ich meine nicht Alan Leo? Frühmoderne Astrologen waren Leute wie Placidus, Morinus, Kepler, die alle die traditionelle Astrologie kannten und der Meinung waren, dass eine Reform notwendig sei.

Über welche Art von Astrologie reden wir also? Ich habe schlechte Nachrichten: über alle zusammen! Wir haben die traditionellen *Astrologien* – um das richtige Wort zu benutzen – nicht gänzlich verdaut, wir beherrschen die Techniken nicht. Die prognostischen Techniken der hellenistischen Astrologie zum Beispiel, sogar einige der prognostischen Techniken der mittelalterlichen Astrologie, sind immer noch nicht allgemein im Gebrauch, es wird kaum damit experimentiert. Es mag sein, dass sie sich nicht als allzu nützlich erweisen werden; genauso könnten sie sich auch als ein größerer Durchbruch herausstellen. Ich weiß es nicht wirklich, solange wir sie jedoch nicht systematisch geprüft haben, werden wir es nicht wissen.

Aber dieses Einfließen von Elementen aus den unterschiedlichen Traditionen in die moderne astrologische Tradition stellt den Kern des Wandels von einer modernen zu einer postmodernen Astrologie dar. Einige von uns haben diese traditionelle Astrologie als neo-traditionell bezeichnet, aber dies setzt den Akzent auf die falsche Stelle. Es handelt sich in dem üblichen sprachlichen Sinne des Wortes um eine postmoderne Astrologie.

Gut! Was machen wir also mit dem 20. Jahrhundert? An dieser Stelle werde ich endgültig beweisen, dass ich kein Traditionalist bin: Wir behalten es! Wir behalten seine besten Merkmale. Der für sich genommen wichtigste Fortschritt in der Astrologie des 20. Jahrhunderts war die Erkenntnis, dass Astrologie eigentlich als Werkzeug für menschliches Potential und Selbstverwirklichung genutzt werden kann. Es mag einiges davon in Jyotish geben, aber mit Sicherheit gibt es nichts davon in der hellenistischen, arabischen oder lateinisch-mittelalterlichen Astrologie. Alle drei Traditionen waren gänzlich darauf ausgerichtet, mit praktischen Alltagssituationen umzugehen. Insbesondere Dane Rudhyar führte eine radikal neue Art ein, über Astrologie nachzudenken. Eng mit dieser Astrologie verwandt ist die Idee der psychologischen Astrologie. Ich teile die Verachtung nicht, die viele Traditionalisten für die psychologische Astrologie empfinden. Ich glaube, die psychologische Astrologie ist außergewöhnlich wichtig. Meine einzige Kritik an ihr ist, dass sie in den Händen einiger ihrer weniger kompetenten Fachmänner und -frauen eine extrem schwammige Version von Astrologie gewesen ist, wo alles dazu verwendet werden kann, alles zu bedeuten, je nach der seelischen Verfassung des Klienten und des Astrologen. Die Sprache der Astrologie des 20. Jahrhunderts als solche tendiert dazu, unpräzise, vage, unartikuliert und unklar zu sein. Aber die Ziele der Astrologie des 20. Jahrhunderts sind absolut lobenswert.

Warum hat die Tradition – zumindest die erwähnten Strömungen – das Thema der Selbstverwirklichung nicht behandelt? Eigentlich hätte sie das Werkzeug dafür gehabt, wären nur die philosophischen Motive da gewesen, es auch zu tun. Der Grund ist sehr einfach: Sowohl in der islamischen wie auch in der christlichen Welt gab es etwas anderes, das diesen Prozess regierte, nämlich die Religion, wovon die Astrologie weitgehend abgetrennt war. Sowohl die islamischen als auch die christlichen Astrologen mussten ständig erklären, weshalb Astrologie nicht mit der Religion in Konflikt stand, und weder auf dieselben Dinge Einfluss nahm noch der Religion widersprach; dafür war sie gut. Es gibt in der Tat in der westlichen Astrologie eine untergründige Tradition der Beschwichtigung, so sehr wie in der indischen Astrologie, aber es war immer eine Untergrundtradition. Sie heißt Magie. Aber als Astrologen mussten wir so tun, als ob wir keinerlei Verbindung damit hätten, um in einer bis vor Kurzem christlichen – oder islamischen – Welt zu überleben.

Also, die Astrologie des 20. Jahrhunderts behalten wir, insofern sie die Bedürfnisse des modernen Menschen anspricht. Jede Astrologie beschäftigt sich mit der Kultur in der sie lebt, und wenn sie das nicht tut, ist sie irrelevant. Die Astrologie des 20. Jahrhunderts sollte beibehalten werden, sofern sie funktioniert, Sinn macht und klar genug ist, um sagen zu können, ob sie funktioniert. Hier ist eine Art von Vorhersage (zugegebenermaßen eine absurde), die das Problem illustriert: »Im nächsten Jahr werden Ereignisse geschehen«. Sie werden nun lachen, aber ich habe astrologische Vorhersagen gehört, die in etwa so »klar« waren.

Ich glaube auch, dass es einige weitere Werkzeuge aus der Astrologie des 20. Jahrhunderts gibt, deren Beibehaltung sich lohnt, wie die Benutzung der Halbsummen oder der 90°-Kreises. Es gibt eine Reihe von Schulen, die außerordentlich wertvolle Ideen beigetragen haben, zu zahlreich, um sie alle zu nennen. Die Astrologie des 20. Jahrhunderts ist nicht wegzuwerfen, aber hier kommt, was ihr fehlt:

Zunächst taucht oft die Frage auf: Ist traditionelle Astrologie – in welcher Form auch immer – besser als moderne Astrologie? Die Traditionalisten werden sofort sagen: »Aber selbstverständlich!« Sie halten sie für effektiver. Dies ist vielleicht sogar richtig, aber nicht aus den Gründen, die Sie annehmen mögen. Indische Astrologie, arabische Astrologie und mittelalterliche Astrologie, ebenso hellenistische Astrologie – alle haben sie eine viel ausgefeiltere Sprache als die Astrologie des 20. Jahrhunderts. Einfach gesagt: Diese Sprachen sind als solche deutlicher in der Artikulation; sie können Dinge klar ausdrücken; und insofern sie in der Lage sind, Dinge klarer auszudrücken, *kann* man auch sagen, ob das, was sie ausdrücken, richtig ist oder falsch.

Ein etwas sonderbares, indirektes Kompliment, das ich der Kosmobiologie nach Reinhold Ebertin zu machen pflegte, war, dass ich sie deswegen mochte, weil sie eines der wenigen Systeme in der Astrologie ist, bei dem ich sagen konnte, wann es nicht funktionierte. Ich werde ein ziemlich unverschämtes Statement abgeben, dem mehrmals von anderen während dieses Kongresses widersprochen worden ist: Ich habe niemals ein falsches Horoskop erstellt, das besser funktionierte, als dasjenige, das richtig war. Ich sage nicht, dass das nicht passieren kann, aber es ist mir selbst nie passiert. Und der Grund ist, dass ich immer einen großen Wert auf die Artikulation der astrologischen Sprache gelegt habe, so dass ich sagen konnte, ob das Statement, das ich vortrug, richtig war oder falsch. Geoffrey Dean hat einmal einen Vortrag über ein Horoskop gehalten, das angeblich das Horoskop von Petula Clark sein sollte, – Geoffrey erinnert sich nicht an dieses Ereignis, aber ich schon – und er gab modernistischen astrologischen Schund über die selbstlose Natur usw. dieser Person von sich. Ich sagte zu mir selbst, »das ist verrückt, dieses Horoskop kann unmöglich richtig sein.«

Und dann, als er die ganze Zuhörerschaft von seiner Deutung überzeugt hatte, gab er bekannt, dass es in Wirklichkeit das Horoskop von Charles Manson war. Nebenbei bemerkt, in der Astro*Carto*Graphie von Charles Manson verlief die Linie jener Mars-Neptun-Konjunktion durch die Wüste östlich von Los Angeles. Als er sagte, es sei Charles Manson, sagte ich zu mir: «Ich wusste doch, dass es nicht Petula Clark sein konnte!« Sie wurden ein Jahr auseinander am selben Tag geboren. Deshalb konnte er alle hereinlegen. Aber das Problem ist, dass er die unpräzisen Begriffe der zum Großteil gängigen modernen astrologischen Sprache des 20. Jahrhunderts ausnutzte. Dies muss sich ändern! Das Ziel der Selbstverwirklichung, der psychologischen Exploration oder gar der Erleuchtung durch Astrologie ist ein durchaus vornehmes Ziel, eine edle Aufgabe. Aber es muss in einer klaren Sprache geschehen, sonst wird sie überhaupt keinen Nutzen haben, ausgenommen zur Unterhaltung, was mancher vermutlich überaus in Ordnung finden wird.

Moderne Astrologie hat einen wirklich tragischen Makel gehabt, zusätzlich zu ihrer ungenauen Sprache: das vollständige Fehlen einer philosophischen Grundlage, die in irgendeiner kohärenten philosophischen oder spirituellen Tradition dieser Welt wurzelt, mit Ausnahme von Jyotish. Jyotish besitzt einen kohärenten philosophischen und spirituellen Hintergrund, der sich von den indischen Religionen ableitet. Für jene, die sich dessen nicht bewusst sind, die westliche Astrologie (womit ich in Wirklichkeit die Astrologie des mittleren Ostens meine, wir praktizieren lediglich den westlichen Zweig davon) hat eine feste Grundlage durch Philosophen wie Plato, Pythagoras, Aristoteles, Plotin sowie bei anderen Philosophien, die wir nicht einer konkreten Person zuordnen können, wie etwa die hermetische Philosophie. Wir müssen zu diesen Philosophien zurück, denn das Bündel an Ideen, aus dem die ganze moderne westliche Philosophie – möglicherweise mit der Ausnahme der Phänomenologie – geboren wurde, entstand erst, nachdem im

Westen die Entwicklung der Philosophie eine Weichenstellung erfahren hatte, welche die Astrologie von sich aus unmöglich machte.

Also müssen wir zurück zu den Philosophien, in denen Astrologie *nicht* von sich aus unmöglich ist. Wir sollten die Wurzeln wiederherstellen, unser Verständnis zu diesen Philosophien modernisieren und sie in das 20. oder 21. Jahrhundert bringen. Wir haben ein brillantes Beispiel davon in der Arbeit des verstorbenen John Addey, dessen Astrologie fest im Neoplatonismus verwurzelt war. Aber wir möchten *keine* mystischen »Philosophien« des 19. Jahrhunderts benutzen wie die von Madame Blavatsky, Alice Bailey und so weiter, teilweise deshalb, weil sie nicht wirklich grundlegend sind. Was sie lehrten, ist eine modernisierte Form des Neoplatonismus. Lassen Sie uns also möglichst zurückkehren zum Original. Ich sage nicht, dass ihre Werke wertlos sind, aber in Sachen Philosophie lassen Sie uns zurückgehen zum Original.

Alfred North Whitehead mag ebenfalls ein Philosoph sein, der uns etwas zu sagen hat, aber bis ich ihn so weit habe, dass er mir etwas sagt, das ich wirklich verstehe … diejenigen unter Ihnen, die versucht haben, Whitehead zu lesen, werden wissen, was ich meine.

Der Grund, warum man geeignete philosophische Grundlagen haben sollte, ist, dass dies in gewisser Weise eigentlich zur Schaffung dessen führt, was nach gängiger Meinung von Wissenschaftlern der Astrologie fehlt: ein theoretisches Fundament. Sie sollten verstehen, dass ein theoretisches Fundament im Endeffekt nicht notwendigerweise *richtig* sein muss. Es muss *korrigierbar* sein. Astrologische Theorie, auch wenn sie auf einer erneuerten Verbindung mit antiker Philosophie gründet, wird keine Theorie sein, welche die Wissenschaft als Theorie anerkennen wird, aber sie wird tatsächlich wie eine wissenschaftliche Theorie funktionieren. Sie wird nur nicht im Sinne des wissenschaftlichen Paradigmas funktionieren – und zwar jeglichen wissenschaftlichen Paradigmas.

Lassen Sie mich erklären, wieso: Das zeitgenössische wissenschaftliche Paradigma, mit Ausnahme einiger Gebiete der Quantenphysik, ignoriert weitgehend die Rolle des Bewusstseins im Universum. Um es in der deutlichsten Form auszudrükken: Leben und Bewusstsein sind, gemäß der vorherrschenden Version des modernen wissenschaftlichen Paradigmas, Epiphänomene der Gesetze der unbelebten Natur. Ein Epiphänomen ist ein oberflächliches, zweitrangiges Phänomen, das nicht wesentlich für das ganze System ist. In anderen Worten, wir sind trivial und unwichtig, die Welt ist im Wesentlichen sinnlos und schleppt sich hin zu einem dummen, sinnlosen, ziellosen Ende.

Natürlich muss man sich fragen: Sinnlos für wen? Es kann keine Sinnlosigkeit geben, solange nicht jemand da ist, für den etwas sinnlos ist. Als das 19. Jahrhundert Gott leider aus der Wissenschaft ausschloss, wurde das ganze Thema um Sinn und Sinnlosigkeit undefinierbar, irrelevant und akademisch. Nach einem »wissenschaftlichen« Autor sind wir wie Bakterien, die auf einem Staubpartikel leben, der beim Niesen ausgestoßen. So hat jemand das Leben im Bing Bang beschrieben. Wir leben auf einem Planeten, der um einen kleineren Stern kreist, in einer kleineren Galaxie, in einem unendlich großen Universum. Für wen sind wir kleiner? Wenn es keine Lebendigkeit im Universum gibt, für wen sind wir unwichtig, und seit wann ist schiere Größe ein Kriterium für außergewöhnliche Qualität? Billionen und Billionen von Sternen, pflegte der verstorbene Carl Sagan zu sagen, als ob das Setzen von Nullen hinter einer Eins Dinge wichtiger und sinnvoller machen würde.

Meiner bescheidenen Meinung nach – was bedeutet: »Es folgt ein arrogantes Statement« – macht Astrologie keinen Sinn, wenn wir nicht postulieren, dass Leben, Geist und Bewusstsein für das Funktionieren des Universums wesentlich sind und in einer sinnvollen Weise der Materie und Energie vorausgehen, oder zumindest zeitgleich, sozusagen ewigkeitsgleich, mit ihnen existieren. Etwas spricht zu uns, und Dinge, die sprechen, müssen lebendig sein und ein Bewusstsein haben. Die Idee, dass Leben und Bewusstsein Epiphänomene sind, ist die exakte Umkehrung des astrologischen Weltbildes. Dies ist es, weshalb wir Häretiker sind. Und lassen Sie uns das auf jeden Fall auch bleiben!

Aber ich glaube, dass viele Astrologen nicht die logischen Folgerungen aus dem ziehen, was sie tun. Sie sind Astrologen, wenn sie im Beratungszimmer sitzen, und sie sind gewöhnliche, mechanistisch denkende Alltags-Materialisten des 21. Jahrhunderts, wenn sie irgendetwas anderes tun – ich finde aber, diese Einstellung nahm im Laufe der Zeit ab, was sehr befriedigend ist. Wir müssen aber akzeptieren, dass Astrologie und die Metaphysik der Wissenschaft – auch bekannt als Wissenschaftsglaube – in der Tat inkompatibel sind. Gott sei Dank!

Nun ein weiterer Aspekt der neuen Art von Astrologie: Ich lehne jegliche Form von Astro-Fundamentalismus über alles, vollkommen und absolut ab. Wir können dies gestörten Fanatikern in jüdischen, islamischen oder christlichen Religionsgemeinschaften überlassen. Es gibt keine antike Astrologie, die vollständig wiederhergestellt werden muss, weil sie einzig und für alle Zeiten vollkommen, absolut und positiv wahr ist. Wir stellen sie so gut wir können wieder her, damit wir von ihr lernen können, aber sie ist nicht notwendigerweise »wahrer« als das, was wir tun. Unsere Vorfahren waren Menschen wie wir. Glaube ich, dass Astrologie als Resultat einer göttlichen Offenbarung im biblischen Sinne zustande kam? Vielleicht in einem gewissen anderen Sinne ja, aber nicht in diesem engen biblischen Verständnis. Sie wurde nicht jemandem irgendwann rundum, vollständig und perfekt offenbart. Es mag letztendlich vielleicht so sein – jedoch nur, weil wir uns die Mühe gemacht haben, die Offenbarung aufzudecken. Aber es wird wahrscheinlich niemals so geschehen. Ich will nur auch diese Möglichkeit nicht ausschließen.

Wir müssen also das Gleichgewicht herstellen zwischen der Haltung des Modernisten und des Traditionalisten. Übrigens, eines möchte ich noch klarstellen: Wenn es den Anschein hat, dass ich nur gegenüber gewissen Mitgliedern der Jyotish-/vedischen Gemeinschaft die Tür schließe, indem ich von astrologischem Fundamentalismus rede, glauben Sie mir, das tue ich nicht. Es gibt auch Lilly-Fundamentalisten, hellenistische Fundamentalisten, arabische Fundamentalisten … Nehmen Sie irgendein System, soweit es nicht modern ist, und Sie werden jemanden finden, der daran als ein Fundamentalist oder – um einen modischeren Begriff aus religiösen Kreisen zu benutzen – als ein Buchstabengläubiger glaubt, jemanden der davon ausgeht, dass die Bücher wortwörtlich und vollständig wahr sind.

Die modernistische Einstellung setzt voraus, dass nur die neueste Arbeit überhaupt gut ist, und die traditionalistische Einstellung meint, dass alles Moderne hoffnungslos fehlerhaft und korrumpiert ist. Beide Positionen sind gleichermaßen falsch. Wenn Sie mir nicht zustimmen, ist das in Ordnung. Aber das ist meine Position, nehmen sie es oder lassen sie es! (Ich habe einen Skorpion-Mond).

Postmoderne Astrologie muss anerkennen, dass Astrologie eine gelehrte Kunst ist. Nicht eine erlernte Kunst, sondern eine gelehrte Kunst. Und während wir den Enthusiasten und den Amateur einladen, daran teilzunehmen, muss auch erkannt werden, dass der Amateur-Astrologe eine ähnliche Rolle spielen wird wie der Amateur-Wissenschaftler – bei Weitem nicht irrelevant, aber in einem begrenzten Rahmen tätig. Astrologie ist nicht mehr Unterhaltung denn Psychologie. Was bedeutet, beide können einen unterhaltsamen Zeitvertreib schaffen, aber dies ist weder ihre Aufgabe noch ihr Wert.

Zu diesem Zweck, wie viele sicherlich schon bemerkt haben, hat sich eine Bewegung hin zum Aufbau akademischer Institutionen innerhalb der Astrologie entwickelt. Eine solche Einrichtung ist z.B. das »Kepler College of the Astrological Arts and Sciences«. Es lehrt im Rahmen eines genuinen Programms für freie Künste all das, was – wie das inoffizielle Motto der Schule lautet – »durch die Linse der Astrologie« gefiltert ist, aber es ist nichtsdestoweniger ein Hochschulabschluss möglich. Was unterrichte ich dort?

Ich lehre antike Geschichte, mittelalterliche Geschichte und Latein. Aber selbstverständlich ist das Latein nicht alles Cicero. Wir lesen im Kurs Johannes von Sevilla und ähnliche Leute. (Wir lesen nicht Manilius, denn niemand kann Manilius lesen.) Hier in Großbritannien gibt es das Bath Spa Curriculum, das Southampton-Programm, das Programm der Universität in Canterbury, und wahrscheinlich gibt es einige mehr, die ich nicht kenne.

Aber dies ist eine spannende Entwicklung, denn wir sind an dem Punkt angelangt, an dem die nächste Stufe der Astrologie in ein Umfeld hineingetragen werden muss, das dem der Universitäten ähnlich ist, wo Konferenzen mit professionellen Referenten abgehalten werden, die über sehr wichtige Arbeiten referieren, die aber zu technisch oder esoterisch (im ursprünglichen Sinne des Wortes) für eine allgemeine astrologische Konferenz wären. Zum Beispiel haben wir die unterschiedlichen Stile mittelalterlicher Primärdirektionen, ihren Ursprung, ihre Bedeutung, Anwendung und so weiter, definitiv ein Thema, das nur für Spezialisten von Interesse ist.

Nur um Ihnen eine Idee von etwas zu geben, was mir aufgefallen ist: Ich bin überzeugt, dass Masha'Allah bzw. das ihm zugeschriebene Werk von zwei Menschen stammt, denn darin sind zwei verschiedene Arten von Astrologie dargestellt, aber ich habe noch nicht den Weg gefunden, das schlüssig zu dokumentieren. Ich meine, dies wäre ein Thema, das noch nicht einmal eine sehr große Menge in der AA-Konferenz anziehen würde, und die AA-Konferenzen sind ein gutes Stück anspruchsvoller als viele andere Konferenzen.

Die Alternative: Bei Astrolabe, der Firma, mit der ich zusammenarbeitete, hatten wir einen Cartoon an der Wand, der eine ziemlich wohlhabende, stattliche Frau zeigte, die mit einer sehr ernsten und strengen Miene hinter einem Pult steht und sagt: »Wir werden nicht rasten, bis Astrologie ihren angemessenen Platz an der Hochschule gefunden hat«, und an der Wand hinter ihr war ein Schild mit der Aufschrift zu sehen: »Nächste Woche: Astrologie und Ihr Haustier«.

Nun, daran ist grundsätzlich nichts Schlechtes, aber dies sind zwei verschiedene Aspekte von Astrologie. Dieser Aspekt (»Astrologie-und-Ihr-Haustier«) begleitet uns schon eine ziemlich lange Zeit, und ich schlage nicht vor, dass er eingestellt werden sollte. Ich bin nun das vierte Jahr in der Hochschulabteilung für Fortgeschrittenenstudien, daher fange ich an, einen Sinn dafür zu entwickeln, was an der Hochschule passiert, das gut und nützlich für die weitere Entwicklung der Astrologie ist. Das meiste davon bekommen wir noch nicht, aber wir sind dabei. Diese Akademisierung also, um ein Wort zu schöpfen, das Schaffen einer akademischeren Astrologie, ist ein überaus wichtiger Schritt.

An diesem Punkt muss ich ein sehr wichtiges Argument zu diesem Prozess liefern. Wir versuchen nicht, Astrologie respektabel zu machen. Wir versuchen die Astrologie dazu zu zwingen, sich am eigenen Riemen zu reißen. Das ist nicht dasselbe. Wir werden Akademiker nicht davon überzeugen können, dass wir zum Hochschulbetrieb gehören, nur weil wir es sagen; es ist noch nicht einmal klar, dass wir jemals in der akademischen Welt integriert sein werden. Das macht nichts. Es geht um uns. Es geht nicht um unsere Respektabilität, es geht um unsere Effizienz. Wir werden effektiver sein, wenn wir diese Dinge tun. Wir brauchen internationale Bibliotheken astrologischer Texte, ob in Buchform oder online. Wir müssen all diese alten astrologischen Journale finden, die auf unseren Regalen vermodern, sie einscannen und sie für Forscher zugänglich machen.

Ich weiß nicht, wie viele von Ihnen sich dessen bewusst sind, aber im Internet gibt es eine Datenbank namens die »Early English Books Online«. Jedes vor dem Jahre 1700 in England gedruckte Buch, das die Zeit überstanden hat, ist dort zu finden. Sie können in der Datei lesen oder die Informationen downloaden, wie Sie möchten. Wir brauchen exakt dasselbe für die Astrologie, all die alten Texte sollten Forschern zugänglich gemacht werden. Im Moment besteht die Gefahr, dass ein Großteil an astrologischem Wissen für immer verloren gehen könnte. Wir brauchen moderne Forscher, die das dokumentieren, was im 20. Jahrhundert in der Astrologie passierte. Wer was sagte, dachte, glaubte, wer welche Ideen hatte. Dazu gehören auch die Biographien, all dies sollte bewahrt werden. Ironischerweise ist der am meisten gefährdete Teil der astrologischen Geschichte die Astrologie des 20. Jahrhunderts. Diese ist schon jetzt kurz davor, vergessen zu werden. Das ist es also, wozu die wachsende Bewegung hin zur Akademie notwendig ist, nicht so sehr dass wir als Wissenschaftler respektiert werden, sondern zu unserem eigenen Nutzen.

Hier ist der entscheidende Punkt: In dem Maße, in dem unsere Astrologie eine vollständige historische Kontinuität mit den Astrologien der Vergangenheit bildet, wird es uns gelungen sein, eine postmoderne Astrologie zu schaffen. Es bedeutet nicht, dass wir all ihre Techniken anwenden, es bedeutet nicht, dass wir all ihre Elemente benutzen, aber es bedeutet, dass wir uns nun auf unsere Überlieferungen als auf eine komplett wiederhergestellte und kontinuierliche Tradition beziehen können. Postmoderne Astrologie wird nicht einfach auf William Lilly zurückzuführen sein oder auf Bonatti, Vettius Valens, Vahara Mihira, oder wen auch immer Sie wählen mögen. Aber sie werden dabei sein, ihre Werke werden bekannt sein, geprüft und angewandt werden, wo es angemessen erscheint. Und Angemessenheit wird von unseren postmodernen Bedürfnissen her zu bestimmen sein.

Nun könnte ich eine lange Liste von Dingen aufstellen, die sich meiner Meinung nach technisch gesprochen in der Astrologie gerne ändern könnten, aber ich muss Geoffrey Cornelius in seinem Vortrag zustimmen, dass bewährte Technik, wie sie üblicherweise verstanden wird, nicht das ist, was wir hier zu erreichen versuchen. Wenn Sie in Chemie zum Beispiel die falsche Technik anwenden, um eine unbekannte Substanz zu analysieren, dann werden Sie nicht herausfinden, was diese Substanz ist. Technik in der Chemie ist ein absolut notwendiges Set von Verfahren, das geschaffen wurde, um ein spezielles Resultat zu erhalten. Aber Technik in der Astrologie ist eigentlich die Artikulation der Sprache, nicht einfach eine Reihe von Verfahren.

Lassen Sie mich ein konkretes Beispiel geben. Wenn Sie ein traditionelles Astrologiebuch hernehmen, das in erster Linie von Ptolemäus beeinflusst wurde, dann werden Sie entdecken, dass es eine Reihe von Fragen stellt, die beantwortet werden sollen. Ist dieses Geburtshoroskop lebensfähig? Will heißen, wird die Entität, die mit diesem Horoskop geboren wurde, weiterleben? Welches ist das Schicksal der Eltern bezüglich Wohlstand und Rang? Wie steht es mit Brüdern und Schwestern? Was ist mit Geld, Karriere, Kindern? Sie alle gehören zu einem Standardkatalog, den ich die *ptolemäischen Fragen* nenne.

Nun, der Punkt bei diesen ptolemäischen Fragen ist, dass sehr klar definierte Techniken angegeben werden, um sie zu beantworten. Aber die Frage hier ist nicht, ob diese Techniken »richtig« sind, die Frage lautet vielmehr, ob diese Techniken klar artikuliert sind. Einige dieser Fragen werden wir nicht stellen wollen, zum Beispiel werden wir wahrscheinlich weiterhin nicht viel aussagen über die Natur und die Art des eigenen Todes. Wir könnten aber ein wenig eindeutiger in Bezug darauf werden, in welchen Lebensbereichen wir mehr aufpassen sollten, und vielleicht auch, zu welchen Zeiten wir besonders aufpassen sollten. Aber ich habe zu meiner Genugtuung eines über diese und ähnliche Dinge in der Astrologie bewiesen. Sie sind, um den philosophischen Begriff zu benutzen, kontingent. Der Moment des Todes ist noch nicht geschrieben worden, es sei denn, er soll aufgrund von Umständen, die nicht mehr zu ändern sind, demnächst eintreten. Wir alle könnten eine Reihe von Zeitpunkten haben, zu denen wir möglicherweise sterben. Aber sehen Sie, Dinge, die wir jetzt abwenden können, konnten in alten Zeiten nicht abgewendet werden. Also werden wir nach risikoreichen Zeiten suchen, nicht nach Zeiten des Todes oder Ähnlichem. Aber der Punkt hier ist klar: Was tun wir, um die Frage zu beantworten, und ist die Antwort auf die Frage klar genug, so dass wir sagen können, ob sie wahr ist oder falsch?

Da ist dieses wunderbare Problem von Schicksal versus freiem Willen. Ich bin zu einer Antwort gelangt, die ich kurz skizzieren werde. Ich fand die Antwort in einem der Stobäus-Fragmente im CORPUS HERMETICUM, in dem Hermes zu seinem Schüler Tat spricht, wie der Name üblicherweise übersetzt wird. Tat fragt: *»Erzähle mir wieder über Schicksal, Vorsehung und Notwendigkeit«*. Und nach einer längeren Zwischenrede endet Hermes mit einem Statement, das in etwa so lautet: *»Schicksal hat mit dem Körper zu tun, Notwendigkeit hat mit jenem Teil des Geistes zu tun, der mit dem Körper arbeitet, und Vorsehung hat mit dem Geist zu tun, der voll bewusst ist.«*

Was sie in diesem Zitat deutlich machten, ist, dass es das Schicksal als eine einzige Sache nicht gibt. Es gibt ein Schicksal, das daraus folgt, dass wir materielle Wesen einer spezifischen Art sind. Egal wie sehr Sie es versuchen, kein noch so großer freier Wille wird Sie jemals in diesem Leben in einen Hund oder eine Katze verwandeln. Sie können nicht ohne Flugzeug fliegen – es sei denn (vielleicht) Sie gehören zu einer gewissen Sorte Meditierender – Sie können nicht durch Wände ohne eine Tür laufen, Sie können nicht durch Wände ohne ein Fenster schauen, Sie sind durch natürliche Gesetze beschränkt. Das ist die grundlegende Bedeutung von Schicksal in der antiken griechischen Philosophie. Es ist physisch, physikalisches Gesetz.

Dann gibt es den wirklich großen Teil des Schicksals; das ist das Schicksal aus Unwissenheit, genannt Notwendigkeit. Wir sehen uns gefangen in Situationen, in denen wir einfach keine Alternative begreifen, da wir all diese Erwägungen darüber verinnerlicht haben, was sein sollte und was nicht, und wir determiniert sind durch die Folgen vergangener Entscheidungen und aktueller Dummheiten. Das ist der größte Teil dessen, woraus unser Schicksal besteht. Es hat nichts mit den Planeten zu tun!

Dann gibt es letztlich das andere Schicksal, das absolut unwiderruflich ist und Vorsehung genannt wird. Sie haben keine andere Wahl, als der oder die zu sein, der oder die Sie sind. Die Wahl besteht darin, das, was Sie sind, auf der höchstmöglichen

Stufe zu sein oder nicht. Und ich würde so weit gehen zu sagen, dass das, was Sie wirklich sind, dem vorausgeht, was Sie im Moment sind, und dass es Sie vorwärts zu sich selbst drängt, und dass dieser Drang unausweichlich ist. Aber dort hin zu gelangen und eine vollkommen verwirklichte Person zu werden, ist notwendig. Umstände, Unfälle und natürlich unsere immerwährende Dummheit oder Unbewusstheit – wie auch immer Sie es nennen wollen – werden uns in unterschiedlichem Maße daran hindern, zu dieser perfekten Selbstverwirklichung zu gelangen. Aber es ist nicht in den Sternen geschrieben, ob wir jemals vollständig verwirklicht sein werden oder nicht. In den Sternen steht geschrieben, wie es zu schaffen ist – wenn wir nur das Geburtsbild von diesem Standpunkt aus lesen könnten.

Dies ist eines der Dinge, die das 20. Jahrhundert uns gelehrt hat, aber das 20. Jahrhundert ist ein wenig schwach gewesen bei der Darlegung, wie dies zu bewerkstelligen sei. Dagegen habe ich in der griechischen und mittelalterlichen Astrologie Techniken gefunden, die tatsächlich andeuten, wie dies aus dem Horoskop heraus zu lesen ist. Postmoderne Astrologie wird nicht eine fatalistische wahrsagende Astrologie sein, es wird eine Astrologie der Erleuchtung, der Selbstverwirklichung, der Selbstwerdung und des Bewusstseins sein, die den ganzen Rest der Astrologie mit einschließt.

Wir prüfen, wir urteilen, und wir integrieren. Das ist es, was ich kommen sehe. Vielen Dank.

Über den Autor

Robert Hand (1942) beschäftigt sich seit 1960 mit Astrologie. Seit 1973 ist er Direktor des »National Council of Geocosmic Research« und gilt als einer der wichtigsten zeitgenössischen Forscher zu astrologischen Fragen. 1977 hat er eines der ersten Computerprogramme für Astrologie entwickelt. Er war es auch, der durch sein Buch *Planeten im Composit* ganz maßgeblich zu der Verbreitung dieser heute populären Methode der Partnerschaftsastrologie beigetragen hat. Seit einigen Jahren beschäftigt er sich vorwiegend mit der antiken Astrologie und der Übersetzung klassischer Texte, die er über das von ihm geleitete ARHAT veröffentlicht. Neben seiner internationalen Vortragstätigkeit hat er einen Lehrauftrag für antike Astrologie am Kepler College of Astrological Arts and Sciences. Für seine Arbeit erhielt er mehrere Auszeichnungen.

WILLIAM LILLY

Christliche Astrologie

Buch 1 und Buch 2
579 Seiten, Leinen, 73 Abbildungen
ISBN 978-3-89997-144-6

William Lilly (1602 – 1681) ist unbestritten der bekannteste Astrologe Englands, der zu Lebzeiten nicht nur spektakuläre Prophezeiungen gemacht hat, sondern auch zahlreiche Schriften veröffentlichte. »Christian Astrology« ist mit nahezu 1000 Druckseiten sein Hauptwerk, das mit dieser Ausgabe erstmals in großen Teilen auf Deutsch vorliegt. Den Titel hat er dem Werk gegeben, um rechtliche Konsequenzen zu vermeiden. Im ersten Teil beschreibt er sehr ausführlich die Regeln der klassischen Astrologie. Im zweiten Teil befasst er sich ausschließlich mit der Stundenastrologie mit sehr vielen detaillierten Angaben zur Prognose und vielen Beispielen aus seiner Praxis. Pflichtlektüre für jeden Stundenastrologen.

Erst einmal: Toll, phantastisch, klasse, dass dieses Buch nach mehr als 350 Jahren endlich auch auf Deutsch zu haben ist! Sodann: Aus heutiger Perspektive staunt man, was seinerzeit alles mit Hilfe der Stunden- und Frageastrologie möglich war (oder möglich schien) und was alles gefragt wurde .... Eine editorische Großleistung! Wer astrologisch-technisch für seine eigene Praxis in der Stunden- und Frageastrologie dazu lernen will, darf an diesem Buch nicht vorbei gehen.

DAV Rundbrief 2/2007

Standardwerke der Astrologie

CLAUDIUS PTOLEMAEUS

Tetrabiblos

Nach der von Philipp Melanchton besorgten seltenen Ausgabe aus dem Jahre 1553.

Ins Deutsche übertragen von M. Erich Winkel
Mit einem Vorwort von Thomas Schäfer
Einmalige limitierte Sonderausgabe in Samt gebunden, 300 Seiten

ISBN 3-925100-17-2

Ptolemaeus wurde um 100 n. Chr. geboren, lebte in Alexandrien als Geograph und Astronom, wo er um 178 starb. Mit seinen Tetrabiblos, was soviel bedeutet wie Buch in vier Abteilungen, vermachte Ptolemaeus der Mit- und Nachwelt ein zeitloses Dokument der Astrologie. Zahlreiche der noch heute gültigen Begriffe und Regeln wurden aus den Tetrabiblos abgeleitet. Durch seine klaren Definitionen wurde die Astrologie erstmals systematisiert. Außerdem erfaßte er alle Strömungen des astrologischen Wissens und formte sie zu einer Synthese. Auf ihn geht die Begründung des Tierkreises ebenso zurück wie die Deutung der Planeten. Die Tetrabiblos waren für 1500 Jahre die »Bibel der Astrologen«. Ein Werk von zeitloser Gültigkeit.

Es ist Ptolemaeus in seinen Tetrabiblos gelungen, aus dem Wust der damaligen astrologischen Regeln ein einheitliches, menschenbezogenes Deutungskonzept zu schaffen, wie es nach ihm bis in unser Jahrhundert keiner mehr zustande gebracht hat. Im Gegenteil, sie alle, die sich nach ihm als astrologische Autoren profiliert haben, bezogen sich immer mehr oder weniger bewußt auf ihn. Die „vier goldenen Bücher" sollte man also auch als Astrologe am Ende des 20. Jh. kennen!

Astrolog

Klassiker der Astrologie

JEAN BAPTISTE MORIN DE VILLEFRANCHE

Astrologia Gallica

Buch XXI
Übersetzt von Erich Thaa, eingeleitet und kommentiert von Reinhardt Stiehle
173 Seiten, Paperback
ISBN 978-3-925100-26-0

Es ist eine Ironie des Schicksals, dass in der Astrologie heute sehr wenig über das Werk jenes Mannes bekannt ist, der ihre Deutungsgrundlagen ganz entscheidend geprägt hat: Jean Baptiste Morin, der im Jahre 1630 als Professor der Mathematik an das Collège de France berufen wurde. Das Lebenswerk von Morin trägt den Titel ASTROLOGIA GALLICA, ein mächtiger in 26 Bücher eingeteilter Foliant. Sein Ausgangspunkt ist die Lehre des Ptolemaeus, dessen Werk er aber von allen mittelalterlichen Zusätzen und abergläubischen Regeln bereinigte und mit den Kenntnissen des 17. Jahrhunderts aktualisierte. Das Kernstück seiner astrologischen Theorie bildet die im 21. Buch der ASTROLOGIA GALLICA dargestellte Determinationslehre.
Im ersten Teil des 21. Buches untersucht Morin die Theorien über den Einfluss der Gestirne. Im zweiten Teil beschreibt er sein Lehrgebäude im Detail. Dabei vertritt er die Auffassung, dass die ausschließliche Herrschaft der Planeten und Zeichen vorrangig zu behandeln sei und beschreibt alle Varianten anhand von eingängigen Beispielen.

»Die Ausgabe des Chiron Verlages stellt die erste lesbare Übersetzung ins Deutsche dar und ist schon aus diesem Grunde für den heutigen Astrologen wärmstens zu empfehlen.« *Astrologie Heute*

Standardwerke der Astrologie

RAFAEL GIL BRAND

Lehrbuch der klassischen Astrologie

gebunden, 424 Seiten, 20 Abbildungen.

ISBN 3-925100-47-7

Sich mit der antiken und mittelalterlichen Astrologie zu befassen mag manchem überholt erscheinen. Schließlich haben sich die Zeiten verändert, und unser gesamtes Weltbild hat wenig gemein mit den Anschauungen unserer Vorfahren. Dennoch zeigt sich gerade in jüngster Zeit weltweit eine stärkere Hinwendung zu den frühesten Quellen. Mit dem vorliegenden Buch wird es ermöglicht, die Techniken und Arbeitsweise der griechischen und mittelalterlichen Astrologie kennen zu lernen und zu verstehen. Dabei geht der Autor weit über das hinaus, was gemeinhin als klassische Astrologie bezeichnet wird. Als fundierter Kenner der Originalschriften hebt er besonders die in Vergessenheit geratenen oder scheinbar überholten Deutungselemente hervor. Es gelingt ihm, auch solche Methoden, die uns fremd erscheinen, aus der damaligen Weltanschauung heraus zu entziffern und zu verstehen. Die antiken Methoden werden umfassend dargestellt und so wiedergegeben, dass sie auch für den heutzutage an Astrologie interessierten Leser nachvollziehbar sind und leicht anzuwenden sind, was eine Erweiterung der bisherigen Deutungsmöglichkeiten verspricht.

Gil Brands Buch schließt, die sich in der Entwicklung der klassischen Astrologie seit dem Ersten Weltkrieg aufgetan hat. Es ist damit wohl das wichtigste Standardwerk der Astrologie seit langem! *sternZeit*

Standardwerke der Astrologie

ERIK VAN SLOOTEN

Klassische Horoskopdeutung

Würden und Aspektbildung in der klassischen Astrologie
98 Seiten, Hardcover, 11 Abbildungen
ISBN 978-3-89997-129-3

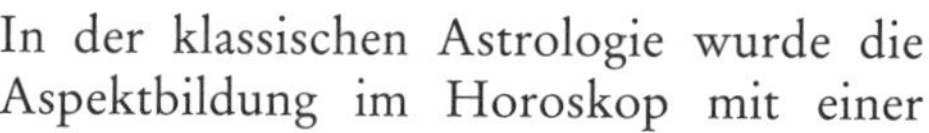

In der klassischen Astrologie wurde die Aspektbildung im Horoskop mit einer unbeschreiblichen Gründlichkeit analysiert. Das System der Würden bietet die Möglichkeit, ein Horoskop systematisch und schnell in den Griff zu bekommen. In diesem praxisorientierten Buch erfahren Sie, wie das System der Würden und die klassische Aspektbildung eine Bereicherung der heutigen Deutungstechniken darstellen können. In einem speziellen Kapitel kommt das Thema konkrete Prognose und freier Wille zur Sprache. Außerdem zeigt der Autor, wie Sie die Mond-Elektionen als schnelle Entscheidungshilfe im Alltag einsetzen können.

Das ganze Buch ist didaktisch gut durchdacht und zeigt die verschiedenen Anwendungen in einer Weise, die auch der Anfänger schnell erlernen und schnell an Beispielen umsetzen kann. Die Gefahr dabei ist, dass er Lust auf mehr bekommt. *Meridian 2/2006*

Standardwerke der Astrologie

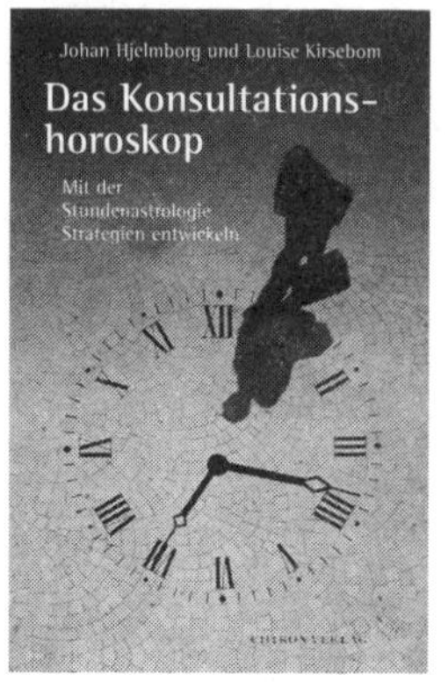

JOHAN HJELMBORG UND
LOUISE KIRSEBOM

Das Konsultationshoroskop

Mit der Stundenastrologie Strategien entwickeln
222 Seiten, Hardcover, 80 Abbildungen
ISBN 9768-3-89997-139-2

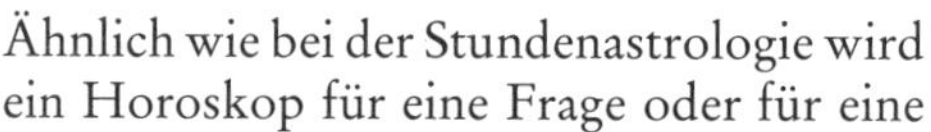

Ähnlich wie bei der Stundenastrologie wird ein Horoskop für eine Frage oder für eine Situation gestellt. Der Unterschied liegt aber in der Betrachtungsweise und in der Handhabung. Beim Konsultationshoroskop werden nicht konkrete Ereignisse vorhergesagt, sondern es wird entweder eine Erläuterung der augenblicklichen Situation oder eine Strategie für die Problemstellung gesucht. Oft ist die formulierte Frage jedoch nicht unmittelbar einleuchtend oder der Klient stellt Scheinfragen. Dann muss der Berater die Angelegenheit mit Gegenfragen und Kontrollfragen klären. Das Konsultationshoroskop hilft Ihnen, diese Gegenfragen zu formulieren, indem es seinen Zeigefinger auf bestimmte Bereiche richtet, damit Sie optimalen Ratschlag geben können.

Sollte Sie nach der Lektüre dieses Buches die Auseinandersetzung mit dem Konsultationshoroskop reizen, so haben Sie eine Fülle von Möglichkeiten, um täglich mit dieser Technik zu arbeiten. Die beiden Autoren warnen sogar vor einer möglichen «Spielsucht», die Sie erfassen könnte, wenn Sie einmal die faszinierenden Möglichkeiten des Konsultationshoroskops in der Praxis ausprobiert haben.

Astrologie Heute 125/2007

Standardwerke der Astrologie

ERIK VAN SLOOTEN

Lehrbuch der Stundenastrologie

Fragen und Antworten aus dem Horoskop des Augenblicks

Paperback, 2. überarb. Auflage, 222 Seiten

ISBN 3-89997-109-4

Es gibt eine Antwort auf jede Frage.
Die Stundenastrologie führt in der praktischen Anwendung zu konkreten Antworten auf bedeutsame Fragen unseres Lebensalltags. Dieses Buch ist ein umfassendes Lehrbuch über die Regeln und Handhabung der Stundenastrologie. Der Autor führt schrittweise in die Deutung von Fragehoroskopen ein. Anhand der zahlreichen Fallbeispiele aus allen Lebensbereichen kann der Leser das erworbene Wissen vertiefen und zur Beantwortung eigener Fragen anwenden. Mit umfassenden Signifikatorenlisten zur einfachen Zuordnung von Planeten und Häusern für jede Frage.

Standardwerke der Astrologie

DR. BERNHARD FIRGAU

Praxisbuch Mundanastrologie

502 Seiten, Hardcover, 65 Abbildungen
ISBN 978-3-89997-153-8

Die Mundanastrologie betrachtet politische und gesellschaftliche Ereignisse unter astrologischen Gesichtspunkten. Dies ist das bislang ausführlichste Handbuch, das zeigt, wie man Staaten, Regierungen, Parteien, Städte, Bauwerke, Firmen, Fahrzeuge und deren zukünftige Entwicklung mittels der Astrologie untersucht. Lernen Sie die unsichtbaren Codierungen menschlichen Handelns in der Welt kennen. Transite über die Horoskope politischer und technischer Ereignisse offenbaren die unauslöschlichen Spuren, die der Mensch künftigen Generationen hinterlassen hat. Zahlreiche Beispiele aus allen gesellschaftlichen Bereichen illustrieren die dargestellten Prinzipien. So können Sie mit diesem Handbuch sehr schnell einen Bezug zu Ihrer eigenen alltäglichen Wirklichkeit herstellen.

Schwerpunkt dieses Werkes nach diesen hochinteressanten methodischen Grundlegungen ist aber eine systematische Deutungslehre, die alle Horoskopfaktoren und deren Kombinationen mit prägnanten, eingängigen Texten vorstellt – und ihrem ganz spezifischen Bedeutungsgehalt eben für die Mundanastrologie! So entsteht ein komplettes Lehrbuch und Nachschlagewerk, das man umso mehr schätzt, als fast jede Aussage mit mehreren Fällen belegt, mit beispielhaften Deutungen illustriert wird. *Astrologie Heute Nr. 128/2007*